翻 轉 人 生 的 十 個 態 度

陳澔毅、戴昆生、林嘉宏、巴魯‧達禮雅露、吳信昇、李國

1

ONE
BOOK TEN
LIFE

卓天仁　編著

當一個人的態度改變，
幾乎也改變了他的性格、行為
甚至天賦和能力。

〔出版序〕

我有一個夢！

華人出版經紀人 **卓天仁**

"I Have a Dream." ──馬丁‧路德‧金恩博士

一切就是這樣開始的……

我的念頭只有一個：「幫我的好友出書！」

2013 年 3 月 10 日，我的第一本書《遇上財神爺：職場新手財富人生的 10 堂課》，就這樣問世了。為什麼會有出這本書呢？這要感謝這本書的共同作者：陳延昇，我認識超過十多年以上的好友。

當時，我們彼此整整超過十年以上，沒有任何連繫以及發任何消息，有一天，突然接到好友的電話：「希望可以和你見面吃個飯聊聊。」

第一次見完面，延昇跟我說了他想出書的念頭，坦白說，

當時我並不以為意，心想：「你要出書干我什麼事啊？」

就這樣，過了幾天又接到延昇的電話，他問我對出書這件事想得如何？我完全摸不著頭緒，於是應付性的回答他還沒有想法。聽到這樣的回答，延昇他很在意的又約了我見面。

第二次見面時，延昇告訴我他為什麼那麼在意出書這件事，因為他被醫生檢查出癌症末期，而他人生的重要目標，就是出一本書！坦白說，我當時正處在要全力還債的階段，一聽完就立即當下決定，一定要在最短的時間內，和延昇一同出一本書。

現在回想起來，仍然要再次感謝我的好友延昇，如果沒有他，我應該不會走上出書這一條路！目前，我已經參與及經手超過 20 多本以上的著作，雖說沒有多了不起，卻也幫我的人生打開了另一條路。

出書後，幫我打開了更大的市場，讓我在事業上更加有競爭力，同時也讓我跨到海外去。這一切的一切，都是因為「幫我的好友出書」，讓我領悟到：當你不是為你自己的時候，這時候就會產生強大的力量。

這一件事，會為你帶來遠遠超出你能想像的威力，原來生命的真諦就是如此！

在經手及參與了 20 多本書後，更是了解到原來出書不只是出書，它所能帶來的不僅僅只是我們所知道的：

◇ 可以光宗耀祖。

◇ 為自己、為團隊、為公司、為人類留下一個紀錄。

◇ 可以提升 200%～400%的自信。

◇ 增加 10 倍以上的影響力。

◇ 擁有 24 小時不用休息的業務大軍。

◇ 成為授課的教材之一。

◇ 最頂級的名片。

◇ 服務客戶最好的禮物。

◇ 開發客戶最佳的利器。

當我們能透過合適的出書模式，它所帶來的效應，不只是上述所列，它所能帶來的威力，是無遠弗屆、令你為之不

敢相信的！

　　但是在眾多的出書模式中，並不見得每一位想出書的人就能出書。經過多年的積累及成功的經手多本書籍後，我想藉由這一本書的出版模式，來讓更多人可以更輕鬆、更容易的踏進「出書」這個領域，「One book ten life」系列書籍由此誕生。

　　「One book ten life」系列，主要是匯集各領域的專家、老闆、老師、領袖等，不分各個階層、不分性別年紀，只要是有想出書想法的朋友，都可以參與共同出書的系列書籍。

　　在國外有「心靈雞湯」系列書籍，目前已出版了超過兩百五十種，全球發行四十五種語言，合計發行上億冊，影響了無數的朋友，讓他們的生命得到了不同的激勵及啟發！

　　所以「One book ten life」系列，是藉由共同合作出版的模式，將出版的效益發揮到最大的系列書籍，主要目的是透過十位不同的作者人生故事，以正能量帶動及感動更多的讀者朋友。

　　「One book ten life」系列書籍，每一本都有不同主題，

透過作者的人生歷練，帶給讀者不同的啟發與思維。首本「One book ten life」系列之《翻轉人生的十個態度》，主要是以每位作者在自己的生命之中，如何面對不同的生命挑戰與抉擇的故事！

我除了要請各位好好閱讀這十位作者的故事外，也試著讓自己想想，也許你也可以成為書中的主角。因為，我深信每一個人都是不一樣的，都是獨一無二的，都一定有值得令人讚許的生命故事！期許「One book ten life」系列書籍，可以成為華人界的「心靈雞湯」。

目次
Contents

130

臺灣富有集團專案經理 **李國豪**

輸在起跑點，是上天的禮物

151

tGi 光能溫敷儀業務總監 **蕭大樂**

斜槓，不是向現實傾斜，
而是兼顧事業與志業

172

澄蒙運命事務所創辦人 **蔡依蒙**

知天運命 扭轉乾坤

192

裂變式行銷講座創辦人 **李孟宗**

跨出同溫層，拒當被煮熟的青蛙

212

國際扶輪 3521 地區
2019-20 年度總監當選人 **馬靜如**

搭建生命橋梁，翻轉人生

盟達資本創辦人**陳澔毅 Allan Tan**

支持創新，
提供創業家撐起世界的支點

我不是不在乎賺錢，
只不過更在意所投資的企業能否改變世界！

盟達資本（Midana Capital）創辦人，聚焦臺灣、星、馬、韓、中國大陸的綠色科技、金融科技、醫療科技、物聯網、人工智慧和區塊鏈等創新技術，參與企業種子期到 A 輪的股權投資，在臺灣投資全世界第一個食品區塊鏈溯源系統「奧丁丁（OwlTing）」，區塊鏈技術服務公司「AMIS & Melten」、專注於 FinTech 領域的「CoolBitX」、在行動化時代資訊安全的創新技術與服務公司「I.X Trio」以及專注於護理的場域智慧醫療創新企業，未來智慧空間之提案者「美爾敦」。

MIDANA
CAPITAL

個人臉書

公司網站

殊榮：

- 亞洲金龍獎 2015/16 - 卓業明日之星（Asia Golden Dragon Award 2015/16 – Asia Rising Star Excellence Award）
- 2017 年馬來西亞百大最具影響力青年企業家獎（Malaysian 100 Most Influential Young Entrepreneurs Award 2017）
- 2017 年企業白金獎 - 明日之星（Platinum Business Award 2017 by SME Malaysia – Rising Star Award）
- 2018 年全球責任商業領袖獎 - 資本投資卓越獎（Global Responsible Business Leadership Award 2018 – Capital Investment Excellence）
- 2018 年馬來西亞金牛獎 - 新興企業獎（Golden Bull Award 2018）
- 2018 年《南洋商報》金鷹獎 - 企業獲得「優秀金鷹獎」Emerging Eagle

　　從年輕時，我就非常崇拜蘋果電腦、亞馬遜等企業的創辦人，從史帝夫・賈伯斯、傑夫・貝佐斯，乃至近年的風雲人物特斯拉創辦人伊隆・馬斯克，這些美國企業家勇於嘗試和改變，企圖以科技改善人類生活及地球環境的勇氣，令我十分佩服。

　　直到 2011 年，我離開馬來西亞前往中國大陸發展，眼見許多擁有專業背景，加上勇於改變世界的年輕世代，靠著應用式創新在中國大陸掀起另一波創業熱潮，包含騰訊、阿里巴巴、小米等從小蝦米幾年間成長為大鯨魚的傳奇故事，不僅讓首批投入的風險投資基金帶來爆發性的成長，甚至改變了歐美諸產業的市場規則。這些跡象都讓我發現，改變世界的能量，已逐漸東移到亞洲。

　　而這幾年，中國大陸逐漸轉型成世界市場，「世界工廠」的角色由東協其他勞動成本更低的國家接棒。

　　這使得全球外國直接投資（FDI）流量雖然逐年下滑，東協市場卻不減反增，這也讓東協市場將催生出大量的「中產階級」（每人每日支出在 10 美元至 100 美元之間的家庭）。

依據研究， 2015 年東協的中產階級約有 1.35 億人，約佔總人口 24％。到了 2030 年將成長超過兩倍，來到 3.34 億人，佔總人口 51％。

在這個日益膨脹的市場中，包含臺、韓、星、馬等國的創新能量，是非常具優勢的，尤其是在半導體、農業科技、醫療科技、生物科技、綠色能源、旅遊、區塊鏈技術和品牌設計等各方面，皆是如此。

如何串連這些創新的能量，培植更多希望改善人類生活、改變世界的企業家，在更大的舞臺上發揮，並打造出獨角獸企業，是我與合夥人決定成立盟達資本的最大原因。

休學創業

獨鍾於創業家，或許和我第一份工作，就是與同學合夥開網咖（cyber café）有關。

大二那年，因父親肝硬化猝逝，我整整一個月的時間沒到課堂報到，一個月後，我決定休學。原因除了就讀的機械

工程學系，是在父親的期望下所選擇，並非我真正有興趣的科目，更重要的是，身為老大的我如果要繼續念書，就代表母親得一人挑起所有重擔。

從小，眼見母親每天早上 6 點經營咖啡店直到晚上 12 點，有時甚至到 1、2 點，就是為了讓我們有更好的生活。雖然一整年都沒什麼放假，母親從不埋怨，自從爸爸生病以後，媽媽更是一個人扛起整個家。

權衡之下，我選擇了立即就業，而母親也一如既往的，支持我的任何決定，甚至拿出父親保險費中的 50 萬元（新臺幣，以下皆同），作為我的創業第一桶金，和三位中學時就玩在一起的好友，湊足了 400 萬元開了一家網咖。

從小，因為一直跟著母親在小本經營的咖啡店，乃至餐廳裡幫忙，我很早就清楚自己喜歡與人互動，也喜歡做生意。10 歲的時候，我就懂得將阿姨首飾上掉下的假碎鑽，拿到學校去便宜賣給女同學，賺取幾毛錢的收益。

由於母親開始做生意後，我就是她的頭號員工，除了平常下課後幫忙頂晚班工作，馬來西亞每年 11 月中到 1 月初

的寒假，我更身兼數職，同時在不同餐廳打工。

　　或許是這些經驗，加上當時網咖剛興起，競爭對手少，又正值景氣上升的波段，讓網咖在一年半後就有近百萬元的年淨利，這份事業的成功，也讓我在當時的收入比一般大學畢業生多了四到五倍，並慶幸自己當初的決定。

菜鳥投資記

　　危機，總是潛藏在小小的成功與自滿之後。

　　由於經營網咖時間十分自由，又有現成的電腦可用，在累積一點積蓄後，我開始跟著另一個合作夥伴投入股票市場，前兩、三年內，我在網咖裡不是在玩線上遊戲，就是在看股票的盤，也買了許多相關書籍苦讀，在短期間內略有心得，並賺了一小筆錢。

　　但很快的，股票的收益已不能滿足我。24 歲那年，因為一個朋友介紹一支私募基金，在當時投資股票小有心得，該資金盤又被吹捧得令人心動不已的情況下，我前前後後不僅

投入 100 多萬元，更介紹親朋好友投入也能「發大財」！

沒想到，這家公司竟在一年後就無預警倒閉。

這讓我在 25 歲時，從收入高於同儕的「創業新貴」，瞬間淪為負債近 400 萬元的「負」翁。

為了概括承受親友們投入的所有資金，有一段時間，我幾乎是透過多張信用卡和信用貸款以債養債。很快的，我知道再這樣下去是不行的，尤其當時網咖生意已因競爭對手日多，營收幾乎砍半。

在龐大的債務壓力下，我決定離開位於彭亨州文德甲的故鄉，到吉隆坡去闖一闖。

在吉隆坡，我什麼工作都做，包含保險、房地產仲介，和所有能想到的業務工作。但即使日以繼夜不斷努力，每個月的月底還是得跟故鄉的媽媽借吃飯錢，連車貸也只好「賴」給媽媽繳。

幸好在多重收入下，兩年內就還掉大半債務。

大市場的借力法則

2010 年，是我生涯的轉捩點。

由於在吉隆坡的房產仲介業表現不錯，當時獲得前往大陸深圳據點的一份工作邀約，在聽說到了中國大陸，舉凡業績到收入多半尾數都會加個「0」，即便當時已有感情甚篤的女友，我仍決定到中國大陸一闖。

這一年，我 27 歲，覺得自己雖然年紀還算輕，但因還債的龐大壓力，心理狀態卻是垂垂老矣。

但到了中國大陸，看到同事們的拚搏，才知道世界之大，環境變動之快速，如果不是咬緊牙努力追趕，很快就會被甩落在世界的角落。

這是因為同樣是房產仲介工作，從吉隆坡到深圳，著眼的腹地完全不同。

在吉隆坡，由於已是馬來西亞資源集中之處，能經營好當地市場，就能嚐到甜頭。但在 2010 年的中國大陸，深圳不過是輻射點，加上我是後來者，我得往外走，才能挖到屬

於自己的金礦。

由於房產仲介工作是沒有底薪的，對外的業務開發工作，公司也都只抓好最低預算，逼迫仲介人員死命在最短期間內，在當地做最密集的業務開發。

以實例來說，如果我這階段的目標市場是廈門，我就得先在深圳總公司每天打 100 通電話，直到蒐集滿 50 個有意願購買房產的客戶名單，然後再申請一筆經費到廈門去拜訪客戶。

雖然從小父母就讓我上補習班補習中文，所以中文能力還算可以。但畢竟初來乍到，對當地市場人生地不熟，加上沒有人帶，抓不到訣竅要領，所以在中國大陸的第一年，我的業績不但不是在吉隆坡業績後加個「0」，而是根本月月掛蛋。

還記得曾經有一次出差到浙江，差點就沒錢回深圳。這段期間，還好家鄉的網咖仍維持營業，勉強可以支應日常生活的最低開銷，不至於餓肚子。

幸好，我個性中有個優點，那就是不太容易放棄。在打

定主意，沒有成績絕不回馬來西亞後，終於在一年後有貴人出現——得以和當地仲介結盟，得以借力使力，打進當地市場。

懂得這個訣竅後，我的業績很快突飛猛進，在三個月內創下 8000 萬人民幣的業績，總算一雪前恥。

🔑 成功前的一萬小時

在中國大陸兩年多的拚搏裡，雖然後半段帶來甜美的果實，但對日後真正有益的經驗，卻是前半段不斷被拒絕的過程。

我一直很喜歡史帝夫‧賈伯斯的一句話："Stay Hungry, Stay Foolish." 卻總是覺得流傳甚廣的中文翻譯「求知若渴，虛心若愚」並不是那麼貼切，甚至有著中國式的曲解。

原因是這位非常重視文字美感的譯者，忽略了賈伯斯所說的 "Hungry" 並非「若渴」，而是對未知世界的真正「飢渴」，而 "Foolish" 也不只是「若愚」，而是在實務世界腳

踏實地的真正「笨拙」。

很多人總認為，從無到有，乃至於創造成功經驗，必定有種線性的邏輯，有個可依循的道路，尤其當人在順境裡，特別容易這樣認為。

我的第一份網咖事業，若不是經歷後來競爭者變多、景氣反轉急下，我不會意識到一開始的成功，絕大部分有著「運氣好」的成分在。

至於在大陸的房產仲介工作，我也常想，如果我在第一年就懂得運用「借力」的方式，和當地仲介商合作，會不會少走許多冤枉路？

但日後發現，這段路不僅是必須的，對於從事創投更是大大加分的。

因為若沒有前面那一年的跌跌撞撞不斷去敲門，就不會累積對當地市場的觀察，也無法取信於當地的仲介。就像人們常提到的「一萬小時法則」，我常覺得，一樣是花一萬小時，但成就動機強的人絕對比較低的人，能看得更廣，也更深。

更重要的是，若是沒有前半段走訪大陸大江南北的經驗，我不會看到以往在書中所看到的各種「美國夢」的創業故事，已經以更快的速度、更激烈的態勢，在中國大陸互相推湧，並挾著全球最多人口的最大市場，形成改變世界的眾多創新技術。

2014 年時，當阿里巴巴在美國上市首日，即已超越臉書，成為僅次於搜索巨頭 Google 的全球第二大互聯網公司。而首批投資阿里巴巴的日本軟銀創辦人孫正義，在 14 年前投資的 2,000 萬美元推高為 580 億美元，得到近 3,000 倍的回報，不僅全中國都瘋了，也讓全球為之震撼，世人自此才開始對中國企業刮目相看。

不過，凡在 2000 年達康 (.com) 泡沫到 2010 年代待過大陸的人，都早已嗅到，中國創業家在歷經激烈的廝殺後，不僅已在眾多領域建立一座座灘頭堡，更在堡壘外築起一道道高牆，成為外人（外商）難以跨入的超級市場。

為此，不僅讓更多逐水草而居的製造業，開始流向勞動成本低的東南亞市場，和中國大陸同樣直接以「跳躍式成

長」，成為手機覆蓋率極高的地區，也成為電子商務、互聯網及眾多創新應用的溫床。

更重要的是，由於在大陸兩年多來與女友聚少離多，在女友的聲聲呼喚下，加上發現公司內部許多作法遊走於灰色地帶，於是在 2012 年底，我決定收拾包袱回到馬來西亞，讓自己重新整理一番，好好思考下一步怎麼走。

🔑 熱錢湧入亞洲

由於在中國大陸期間所從事的房產仲介，部分包含馬來西亞的房地產，因此在工作上和馬來西亞一直算是臍帶相連，也始終關注母國在各方面的動向，這其中，也包含在投資圈「見馬就怕」的傳言。

創投圈之所以見馬就怕，和當時東南亞各國對投資的法規欠缺完善規畫有關，導致許多國際游資在當地大幅炒作，甚至更多是行吸金之實。曾為受害者之一，自然冷暖自知，長期關注馬來西亞政府在這方面的作為，也發現隨著互聯網

的風行，股權眾籌的風潮也吹入馬來西亞。

馬來西亞證監會主席拿督藍吉阿吉星（Datuk Ranjit Ajit Singh）在「協同與眾籌論壇」上曾表示，眾籌擁有正面的潛能，希望通過允許眾籌框架來創造更面面俱到的資金市場，讓企業家可以透過資金市場進行籌資。

依據馬來西亞證券監督委員會調查，在 2013、14 兩年，馬來西亞為大型企業融資金額為 200 億令吉，對於新創企業卻不那麼友善，在預估全球未來十年內眾籌可能增長近 1,000 億美元，其中 57％將源自亞洲。在此風潮下，馬來西亞證券監督委員會於是在 2014 年正式建立「股權眾籌（Equity Crowdfunding）」框架，成為東南亞第一個批准實行股權眾籌平臺的國家，投資風氣也日漸開放。

而盟達資金也在一年的籌備下，在 2013 年正式成立，主要參與企業種子期到 A 輪的股權投資。

掌握趨勢，改善人類生活

　　成為一名投資家的念頭，和自己在經營網咖時期就涉獵大量投資領域的書籍有關。但讓盟達資金聚焦在初創企業的種子期到 A 輪的股權投資，則是因為在大陸工作時期，看到許多擁有創新技術的人，在得到資金後所掀起的風潮，不僅改變了自己的生命，也改變了數億人的生活方式。

　　就因希望這股風潮也能吹入馬來西亞，讓更多有專業也有大無畏精神的年輕人能得到助益，盟達資本在創立初期，主要配合馬來西亞在數位化與科技升級方面的政策，扶植在能源管理與醫療技術方面的初創或中小企業。

　　很幸運的是，在馬來西亞政府的帶動下，讓當時的投資環境與創業環境都有整體的提升，近年來馬國的創投圈甚至成立了「企投融資生態圈」，企投融資創投圈的目的，同時也是盟達資本的目的，就是希望在企業家、投資人與企業壯大所需的專業人士的「鐵三角」，搭建出一個橋梁。

　　因此，盟達資本除了提供初創企業資金，還有一個很重

要的意義是希望具備「教育」功能，為原本以技術本位的專業團隊，提供更多元化的顧問諮詢、人脈引薦與技術媒合。

更重要的是，透過兼顧「策略、創造價值、廉正」的核心理念，在信守誠信、透明合法公正等原則下，共創良好的投融資生態圈。

幸運的是，盟達資本不僅在兩年多後就跨出了馬來西亞，在更多國家如臺灣、韓國、新加坡等地投資共 20 多家企業，領域也擴及到區塊鏈、FinTech、物聯網、人工智慧等項目。

盟達資本能在短期間內擁有這樣的成長，需大力歸功於我的合作夥伴——一位留學德國的雙碩士，不僅是天才中的天才，更曾是催生大陸天津交易所的成員之一。結合專業與實務經驗，讓盟達資本能在創立初期，就得到許多人的支持，並支持我們在自己還未壯大時，就能以兼顧 CSR（社會企業責任）的態度，去進行投資判斷。

老二哲學

　　不可諱言的，盟達資本也像所有新創企業一樣，還很年輕，需要學習的事情還很多。但因為我一直是十分喜歡接觸新知的人，在參與新創事業投資時，能同時接觸不同行業的菁英，是非常令人興奮的一件事。

　　為此，不僅讓我的視野大開，也更順理成章地鑽入這些前瞻趨勢的研究中，並在 2015 年開始研讀工商碩士學位，以便透過學院裡系統性的理論，將過去經驗與眼前這些許多跨界的知識，得以爬梳出一些方向。

　　但在接觸這些新創事業的過程中我也發現到，許多新創企業家最缺乏的並不是對趨勢的觀察，尤其是科技含金量高的前瞻科技領域，因創業者多半是專業技術出身，在學院和生活中就已嗅出趨勢所在，在研究領域上也鑽得很深，只是在人際溝通與協調方面的學分較為不足。

　　所以在和這些創業加溝通的過程中，也讓我逐漸整理過去的經驗，發現無論從合夥經營網咖事業，或是後來從事業

務工作、房產仲介事業，我基本上都是抱持著「老二哲學」。

　　就如創立盟達資本時，我很清楚，要成為一個投資家，我一定要找一個比自己更強的人合作。有趣的是，回顧第一份網咖事業，在團隊中我既不是最聰明的，也不是最積極的，更多時候是一個「協調者」的角色。

　　「一個人可以走很快，而一群人才能走得更遠。」在後來的業務工作，和大陸期間對風起雲湧的新創企業的觀察，都得到印證。

　　所以，我們對新創團隊的助益，多半是在內部人員協調與資源整合上，因為清楚科學化的管理，唯有建立在人性的尊重上。所以除了決定什麼事務該用什麼人，哪些人適合當先鋒，哪些人合適支援的工作，更重要的是讓團隊認知到，唯有在成長的過程中，不斷形成內部互相補位的機制，甚至引進外部資源，進行跨界式（crossover）的結合，才能形成一個全方位的團隊。

　　最後，希望透過這些經驗的分享，以拋磚引玉的方式，鼓勵更多有志於以一己之力，改變世界、改善人類生活的年

輕世代。

　　我一直都相信：「軟體正在吞食整個世界（Software is eating up the world）」。不管我們喜歡與否，這是改變不了的事實，而且正在以驚人的速度在發生。如果能透過對這些科技的投入，把最先進最好的科技帶給社會，就為我們的下一代創造更好的未來。

　　期許更多人，也能一起加入我們的行列。

影響我人生最重要的十句話

1. 求知若饑，虛心若愚（Stay Hungry, Stay Foolish）！

2. 學習永遠不會太晚，哪怕是一天你只學了或成長了 1%，過了一段時間你會發現每天 1% 的爆發力。

3. 今天很殘酷，明天更殘酷，後天會很美好，但絕大多數人都死在明天晚上，卻見不到後天的太陽。

4. 在別人貪婪時恐懼，在別人恐懼時貪婪。

5. 一個人可以走很快，而一群人才能走得更遠。

6. 你可以失敗但你不能退縮。

7. 我不是不在乎賺錢，只不過我更在意它能否改變世界。

8. 事情未成功之前，它永遠是看似不可能的。

9. 你影響不了別人是因為你不夠強大！

10. 請不要假裝努力，因為結果不會陪你演戲！

一鍵創幣系統 iamatoken 創辦人 **戴昆生**

善用谷底反彈力，
將自已打造成印鈔機

| 沒有行不行，只有要不要！

時空行銷有限公司創辦人，研發出「一鍵創幣系統（iamatoken）」，從創建虛擬貨幣，為客戶所需之整體商業模式，到企畫運作、白皮書撰寫、ICO 策畫、網頁設計、交易所開發、品牌營銷策畫及市值管理策畫等，提供一條龍服務。

個人網站

經歷：

逢甲大學資訊工程系，自嘲是介於草莓族與水蜜桃族間的七年級生，卻從 13 歲就成為小小創業家，靠著自學的電腦技術月入 22K。觀察比特幣市場 8 年之久，2017 年打造「一鍵創幣系統」，未來目標是讓臺灣各角落的孩子有更友善的軟體學習環境。

- 2006 年踏入軟體開發、網路行銷
- 2012 年網路開發、行銷接案年破百件
- 2013 年踏入區塊鏈技術開發
- 2014 年現金流遊戲課程看板逾百場
- 2015 年 Facebook 流量變現機問世
- 2016 年加密貨幣場外交易日破千萬
- 2017 年持續累積區塊鍊交易安全性經驗破億臺幣交易量
- 2018 年創立 Iamatoken 一鍵創幣系統

　　寫這篇文章時，比特幣已經佔全球加密貨幣 52％，來自各方的炒作讓它在 2017 年曾飆到近 2 萬美元，2018 年則始終在 6、7,000 美元間震盪，專家預估未來很可能跌至 3,000 美元以下，昭告著熊市的到來。

　　身為比特幣長期的觀察者，十多年的軟體程式極客（geek），我在 2017 年不安好心眼的撰寫出「iamatoken」，目的很單純，只是希望讓更多人知道——創造虛擬貨幣有多簡單。

　　當時，全球只有兩個類似的技術，包含美國的 tokenbox，和中國大陸的 ethlinker，前者在開發一年多後就解散公司，後者則因大陸支付寶快速催熟虛擬貨幣市場，沒有太大發展空間。

　　而 iamatoken 這個本來不帶商業目的的軟體系統，卻意外引發關注，讓它在不到一年的時間內，透過電商平臺、眾籌形式，讓更多產業體會到虛擬貨幣的多元運用方式。

　　下一步，我們希望將它推廣到兩個重要面向，一是希望將影響力「變現」的自媒體經營者。試想，目前當紅部落客、

YouTuber 對廣告主的貢獻還難以估計，但未來若能透過虛擬貨幣的發行，將可讓廣告主更精準計算自媒體的「導流」能力，而這套系統甚至不需要任何硬體，只要雙方透過手機 app 即可執行。

另一個面向，則是更終極的目標——如何幫助更多孩子進入軟體設計這個迷人的世界，提供他們一個比我當初更友善的環境。

🔑 一心想出頭的草莓 / 水蜜桃世代

身為七年級生，我很尷尬地剛好橫跨草莓族與水蜜桃族的兩個世代。

但因從小就很好動，喜歡動手做東做西，很難閒下來，13 歲時，我就開始創業，每個月擁有 22K 的收入，但也在每個月月底花光光，成為名副其實的月光族。

18 歲時更當起無敵工具人，桌機、筆電、手機全都自己修，連硬碟救援都來，拆了超過 1,000 臺電腦手機，並在 20

歲時圓了自己開咖啡店的夢，在 24 歲後，陸續開了三間公司，現在 29 歲仍充滿熱血大步向前，累積人生的經驗與財富。

說到這裡，很多人可能會問：「你怎麼這麼不一樣？」其實我與年齡相仿的年輕人都一樣，愛玩、愛夜衝、愛打屁、愛做白日夢、看辣妹、上夜店我也都愛。如果真要說有什麼不同，大概就是很少花時間抱怨，只是一直想著怎樣把腦袋裡的「白日夢」搬到現實世界中。

我從小就很愛賺錢，這跟看著爸媽白手起家的辛苦環境多少有點關係。

由於眼看爸媽辛苦工作，我從國小到高中一年級，就沒有拿過零用錢，也沒有對此抱怨過，畢竟我平常的興趣不外乎打球和運動，有沒有零用錢對我來說沒太大差別。

直到國小五年級，一次到住家對面的高中打球，看到布告欄上寫著高級電腦課，我很興奮地跑回家跟媽媽要求想上電腦課，媽媽覺得很好奇，就跟著我一起去上課。在結業得到第一名後，我更一直以各種明示、暗示的方式，讓媽媽知

道我有多渴望擁有一臺電腦。

　　由於當時的電腦是很貴的，為了用較低的價格買到電腦，我還自己上 ptt 電腦版做了很多功課，後來終於用 8000 元買到了人生第一臺電腦。當時，正好是剛從 586 轉換到 Windows 95 的年代。

　　在收到電腦後，我每天一下課就是直奔房間，在電腦前待到天荒地老。由於那年代網路仍得靠撥接，我每天光是上網逛網站，常常東逛逛、西點點就很滿足。老媽因為怕我太沉迷，限制我每天使用電腦的時間，以致於我只好半夜爬起來偷開電腦玩，邊玩邊怕數據機「一歐乖」的聲音會吵醒爸媽。

　　也因電腦得來不易，當時不管什麼都想嘗試、想了解，除了上網找資料，還買了書來研究，並試著寫程式與軟體。最幸運的是，在收到了姊姊男友送的一本電腦組裝大全後，更開啟了我對電腦進階知識的一扇大門，甚至讓我從國中開始，就開始靠著電腦月入 22K。

🔑 初嚐甜頭，點燃軟體夢

有關我的創業路，得從老媽買了第一盒 10 片空白光碟給我開始說起。

「媽，我要買光碟片！」有一天放學後，我衝進廚房開口就跟老媽要零用錢。

「買那個做什麼？」母親站在廚房熱呼呼的爐火前，準備著等一家人的晚餐。

「我要研究光碟啦！」

「光碟是什麼？要去哪裡買？」

「文具店就有了！」廚房很熱，母親臉上滿是汗水，不停的從臉頰上滾落，怕熱的我也感受到背上一條條汗正在往下流。

「好啦！多少錢？趕快去買一買回來吃飯了。」大概是我開口要零用錢的次數實在不多，母親很快就從口袋中掏出僅有的 100 塊給我。

我抓了這筆錢後，馬上跑到一樓，騎著腳踏車衝到文具

店，買了一盒 99 元的光碟，裡頭共有 10 片空白光碟。

當我打開電腦放進第一片光碟，開啟燒錄軟體，過了 10 分鐘，就燒出人生中的第一片 MP3 光碟。要知道，在那個時候如果有臺 MP3 光碟播放器，可是非常炫的一件事，但因買正版光碟是一筆很大的支出，所以啟動了我的商業頭腦——燒錄盜版光碟。

雖然這第一桶金賺得實在不怎麼光鮮，但畢竟當時對智財權還沒什麼觀念，只覺得每個月都能穩穩賺到 22K 以上，有時更高達 30K，就覺得很有成就感。

但在國三時，因 MP3 播放器開始問世，使用光碟的人逐漸變少，我心想這樣下去這需求遲早會越來越少，於是又開始投入其他軟體的研究，一心只想著：「總有一天，我要寫出一個可以一直賺錢的軟體！」

後來花了 2 個月左右，研究出硬碟救援的方法，也寫了一點自動化的程式。只是，因為在開發出這些程式後不久，我就得面臨學測，只好先專心課業，暫停了我的軟體夢！

仔細一算，國中那兩年賺來的錢，絕大部分都拿去投入

購買材料。會想擴充設備，自然是為了想讓產量加大，賺更多錢，光是光碟 100 片一桶，就買了超過 100 桶，還燒壞了好幾臺燒錄機，全堆在我的小房間裡。

那時家人還不知道我透過這個賺錢，好幾次媽媽進到房間都會問：「你怎麼又買了那麼多的光碟？」我都會回她：「沒啦！只是研究啦！」

雖然真正賺到的錢不多，但在投入軟體開發設計的兩年裡，我已經學到如何利用軟體技術快速解決生活中的一些問題，也奠定了往後創業的基礎。

🔑 沒有行不行，只有要不要

雖然我直到國三下學期才開始收斂一點專心念書，但因平時月考仍保持前三名，當時並沒有沒想太多，總覺得應該可以考上理想的附中，沒想到考出來的成績超低，填完志願放榜後，沒半間高中能讀，只好念了私立高中。

上了高中，因為私立高中都是以升學為目標，所以每天

除了念書，就是大考小考不斷，根本沒有時間研究新的軟體和寫程式，這讓我下定決定要考轉學考。

　　過了一年的努力，皇天不負苦心人，我如願考進公立高中，也讓爸媽開心，因為私立高中光一學期的學費就可抵公立高中三年學費了。

　　更大的收穫是，轉入公立高中後因開始接觸熱門音樂，我不僅和同學組了樂團，開始跑樂器行、練團室，參加各校的成果發表會，甚至後來還參加過春吶的海選。加上媽媽也投資我，為我買了人生第一把電吉他，讓我更加投入練習。

　　由於樂器的開銷和損耗很大，常為了湊練團費傷透腦筋，還記得有一次練完團，大家湊一湊只剩 50 塊，只好買關東煮加科學麵，瘋狂續湯來填飽肚子。

　　到了高三，為了延續樂團夢，我們更籌組熱音社，每一年舉辦了很多活動，直到現在，我們的社團依舊持續存在，還成了高雄市所有高中的指標社團。

　　在升學壓力下，還能有這麼一段瘋狂、難忘的社團經驗，讓我看到自己的潛力，也體認到任何事沒有行不行，只有要

不要。只要心裡夠想要，一定有方法可以做得到！

🔑 從服務業到傳直銷業，修商業學分

升上大學後，又是一段嶄新的人生，我還記得搬到宿舍的第一天，不知道為什麼，好像開關瞬間打開，腦袋開始不停地在轉，希望嘗試很多事情。

某一天，逛著學校的討論區，發現宿舍有許多人需要重灌電腦，每次安裝一臺電腦都要花很久時間，因此就研究了一套自己自動化安裝程式，並分享到論壇上，成了當時候網路流傳的「超級 Windows」。

神奇的是，國中就酷愛賺錢的我，或許因為一開始求助的多半是學姊學妹，基於紳士風範，我很少收費，反而收了一堆雞排和珍奶當禮物，即使是複雜的硬碟救援也不例外。

不過，這段期間沒有想到賺錢這檔事，主要還是我多數時間都沉迷於研究國外論壇最新的技術，無論是複雜的硬碟救援，或是論壇上的交流，都帶給我很多收穫。

　　只是，天生愛賺錢的因子總不會輕易散去。尤其我從小深受美國電影、影集的影響，覺得 18 歲後就等於成年了，應該為自己的生活負責。

　　所以很快的，我又開始蠢蠢欲動。由於一次路經臺中某當地咖啡廳，被咖啡香所吸引，我不僅曾在星巴克工作一年半，就為了一圓開咖啡廳的夢。也曾加入傳直銷，每天努力上課吸收銷售類的知識。結果前者不但讓我賠光積蓄、耽誤學業，後者更讓我直接被二一退學。

　　雖然半年後，我又再次透過考試回到逢甲，但我隨即休學，決定先去當兵，並自願選擇了陸軍空特，想要給自己不一樣的磨練。

　　還記得第一次上飛機執行跳傘任務時，被要求當綠燈一閃，一排五人就得行動一致地跳出機外時，從引擎聲極大的機艙內，忽然來到萬里無雲的高空中，那種從極致的壓力到戰勝恐懼的勝利感，讓我到今天還很難忘記。

　　退伍後，我給了自己一年的時間，專注在傳直銷事業上，因為從過去一段時間的經驗，已讓我體會，無論我未來要從

事什麼領域，與人溝通協調和帶團隊的能力，絕對是一門必修課題。

尤其是從傳直銷產業所學到的「分銷」概念（獎金提撥比例在 20％以內的皆屬分銷），和過去在咖啡廳靠勞力與時間賺錢，顯然可以帶來更大的報酬，也隱然覺得未來可以和自己所擅長的軟體設計結合。

一年後，我與團隊的夥伴們果然達到目標，在拿到這門商學院課程學分後，我就不再戀棧，重回軟體開發的工作。

輕忽合約，一夕負債 400 萬

以軟體開發為主軸的「時空行銷有限公司」，其實一開始所做的和大學時的接案生涯沒什麼不同，不外乎寫寫靜態網頁，後來才慢慢延伸到電子商務、網路行銷等領域。

我常覺得，從大學開始接案到現在，我幾乎沒有做過業務開發的工作，既是幸運，也是不幸。

由於案源從一開始來自畢業的學長姊，到成立時空行

銷，幾乎都是客戶口碑相傳得來，有一定的信任基礎。以致於在成立公司初期，很多案子都是在沒有合約的情況下進行的，即便後來有些案子因金額較大，有簽訂合約，當合作過程中加入不同服務時，我也缺乏要以白紙黑字留下紀錄的概念。

輕率的結果，除了曾導致客戶的案子一改再改，不僅花掉的人力物力超過預期，最糟的是最後客戶的支票跳票了，還反倒回頭告我們沒有將案子完成。只能說，人心之險惡，不是初出茅廬的阿宅們可以想像的。

但這還不是最糟的，幾乎在同一階段，由於時空行銷開始嘗試做網路行銷的推廣，在一個客戶的引薦下，我們得到代理歐洲知名品牌行李箱的機會，由於感到機會千載難逢，在沒有簽約的情況下，我就開始積極在電商平臺推廣，並邀請身邊親友團採購，很快就累積了近百張訂單。

沒想到，訂單都有了，錢也付了，甚至找好倉庫做調撥倉，貨品卻始終沒有消息。當交貨時間一延再延的情況下，我才終於認清自己遇上騙子了。除了已付出的訂金，加上要

賠給消費者的費用（畢竟商譽是最重要的），公司一夕之間負債了 400 萬元。

直到這堂高達 400 萬的課，才讓我正視合約的重要性。

有句老生常談的話：「人生不是得到，就是學到。」在付出那 400 萬元的代價後，我除了狠狠花了一筆錢向律師諮詢，自己也埋頭研究相關的法律知識。

如果沒有前兩個事件的教訓，iamatoken 這個遊戲之作，不會在一開始就獨創加入「智能合約」的功能，也不會有後來業務項目的延伸。

🔑 驚嚇 58 分鐘，看透人生最終價值

說起來，雖然創立公司還不到三年的時間，我卻已經像是搭了好幾趟雲霄飛車。幾次上坡階段都有點陶陶然，覺得自己快要發了，沒想到卻很快就急轉直下，且下坡時幾乎快去掉半條命。

其中有一次，還真的差點丟掉性命。

公司邁入第二個年頭時，由於發現經營一間公司和以往開咖啡廳的小本生意完全不同，不但責任更大，開銷也更大，加上前面的債務，讓我每天都處在極大的壓力下。

當我在 2017 年年中發現 7、8 年前就曾接觸的比特幣，竟已飆到每顆 1 萬多塊美金時，我很快就進入這個市場，並尋求合法管道從美國購買，再出售給臺灣的買家。

由於進出金額龐大，還曾被銀行約談，只是因過程一切合法，銀行除了只能放行，更有許多行員好奇地私下打聽，這個新興行業到底是怎麼操作的。

雖然深知當時進場時機不算晚，但這樣的榮景可能很快就會消失，在操作半年後，我就決定收手了。

但老天非常幽默的，在我決定最後一次交易時，給了我一道永生難忘的課題。

就在 2018 年農曆年前，一個買家下了 600 萬元的訂單，抱著賺完這筆就能讓員工過個好年的心態，我和一位同仁抱著電腦和點鈔機（因為對方言明會以現金付款），就進到對方的辦公室。沒想到，就這樣展開了差點成為人生最後 58

分鐘的驚險歷程。

進到辦公室後，只看到一疊現金擺在桌上，在確認金額，並打開電腦操作、登入帳號後，想不到此時竟然衝出 5 個人朝我們一陣亂打，最後甚至掏出槍，要我們不要亂動。

一陣扭打後，我和同事已經頭破血流，同事因過度驚嚇不停掙扎，我只能一直提醒自己要冷靜，很多最壞的狀況在心裡像跑馬燈一樣不停地閃過。

後來，對方將我們綁起來，並各灌了超過一瓶的高粱、多顆安眠藥和不明的毒品，我意會到他們可能要藉此把一些罪名栽贓給我們，所以趕快暗示同事先裝死，自己也裝暈、裝吐、裝睡，甚至還假裝打呼。

如我所預期的，綁匪們開始收拾現場，先是強迫我們講出密碼以便重置手機，然後掏空我們身上的財物隨即離開，只留下一個斷尾的人。

雖然酒和藥物逐漸在奪走我的意志，我仍強迫自己要振作，也將那一幫人提醒留下斷尾的同伴，等會兒要如何讓警察覺得這是一樁朋友酒後鬧事糾紛的劇本，一一記下細節，

也清楚記得斷尾的人一直提醒同伴，事後一定要記得保他出來。

當那群人都離開後，斷尾的人也開始喝酒、吃進毒品，甚至拿了破掉的酒瓶割自己的手，再把血抹在我們身上，以便營造自己是無辜受害者的形象。

等到確定其他人都離開後，我踢了一下我的同事，作勢開始反擊，並一起壓制對方，並把對方敲昏，這才趕緊用盡所有力氣，跑到最近的飯店求救。

進到飯店後，飯店的工作人員很熱心的協助我們清理傷口。還記得當我從鏡子中看見自己受傷的樣子時，真的是想哭也哭不出來，只想著：「完了，這下子虧慘了，先前的債務好不容易就要還清了，沒想到這次卻又累積一筆更大條的。」

更重要的是再過幾天就要過年了，我這副樣子真不知要怎麼面對爸媽，要是被他們知道真相，一定會讓他們擔心到不行。

🔑 分享經驗，讓更多人在網路時代打造印鈔機

在這個事件後，我足足休養了大半年，也重新調整腳步。這段期間，由於受到許多朋友的照顧，包含事發當天協助的飛哥、因這事件而認識的貴人冠今老師，以及因此結緣的天仁老師，都給了我許多幫助與啟發。

雖然在收到法院起訴書時，心裡還是會激起憤怒的情緒，還是難以釋懷當下他們所犯的罪行及對我和同事的傷害，雖然傷口早已癒合恢復，但心中的陰影依舊存在，還造成了我負債千萬的開始。

但我仍相信這是上天給我最好的考驗，任何的挑戰都將成為明天更茁壯的我。也因為這個永生難忘的經驗，讓我在重拾軟體開發的本業時，很多思考角度開始變得不同。

畢竟在這個人手一機的時代，擁有十多年軟體開發經驗的我，已經有了最好的起點。如何在這個資訊爆炸的年代，教會更多人抓緊網路世代的腳步，創建屬於自己的網路印鈔機，已是一份非常棒的工作！

　　所以，未來除了協助更多產業的企業主與自媒體經營者，將虛擬貨幣成為他們連結行銷與銷售的最佳載具外，在個人的規畫上，我更希望有機會將十多年來自己摸索的經驗，分享給臺灣各角落那些資源較缺乏的孩子們，讓他們能像我當初一樣，樂在程式設計的學習中，也從中培養邏輯思考的能力，並激勵他們，只要不斷學習、勇於行動，永遠不需要擔心淪為 22K 一族。

尚億國際創育執行長 **林嘉宏**

別當被同情的弱者，要當被嫉妒的強者

透過學習改變命運、實踐夢想，擁有全方位幸福人生！

現任：

- 尚億國際創育有限公司 執行長
- 中華企業菁英交流協會 理事長
- 中華工商經貿科技發展協會 常委
- 金品教育事業股份有限公司 執行長
- 中華創意創業交流協會 常務理事
- 大耀整合行銷有限公司 顧問
- 致新文創科技股份有限公司 經理人
- 林宇高中數學團隊 創辦人
- 上市櫃企業 行銷策略顧問

LINE@

臉書

Instagram

WeChat

殊榮：

- 2016 年華人企業第一品牌獎
- 2017 年臺灣品質保證金像獎
- 2017 年接受前副總統吳敦義表揚
- 2018 年華人公益企業金傳獎
- 2018 年臺灣行銷創業比賽冠軍
- 2018 年受前總統馬英九親贈獎座

經歷：

- 受邀第 13、14 屆世界華商高峰論壇
- 受邀第 2 屆華人企業領袖峰會
- 受邀第 1 屆華人企業社會責任論壇
- 經濟日報、中天新聞、TVBS、國立教育廣播電臺採訪

　　動筆撰文時，是在臺北往廈門的飛機上，這次顧問案的地點在福建。由於大陸市場競爭日益激烈，讓孩童乃至成人的教育產業更加火熱，也讓投身教育領域十多年的我，有了更多走訪兩岸、觀察兩地市場的經驗。

　　每當看到大陸青年世代的狼性，及對學習的渴求，總更加提醒自己在胸懷國際市場時，也絕不能放棄臺灣這塊土地。只因為我也曾經歷那樣的貧瘠，是匱乏把我推向不斷學習的道路。

　　就如以往，透過飛機在兩岸間通勤時，看著窗外流動飛逝的景象，也讓我回想起那段從幼稚園就開始的「通勤生涯」。

🔑 爸媽，堅持到底

　　記憶中，我從幼稚園開始就展現出比同儕優秀許多的數學能力，老師建議爸媽加強開發我的數理天分，所以每週三跟週六，媽媽都會帶著我從三芝到臺北補習。

「嘉宏，課本都準備好了嗎？上次老師出的作業都寫完了嗎？等等就要去搭車了喔！」這是每次出門前，母親最常有的叮嚀。

三芝位在臺灣最西北部的海岸線，截至目前都還不算交通便利的地方，更何況當時還沒有捷運，從三芝到臺北市的交通工具是公車，每小時只有一個班次。

當時 4、5 歲的我，就跟著媽媽去搭公車，晃 2 個小時到臺北，補習 2 個小時，再搭上回三芝的公車，繼續晃 2 個小時回家。

這段通勤補習的時間，大家一定無法想像維持了多久？答案是 11 年。這 11 年間，每逢週三、週六，媽媽就一定放下手邊的工作，陪著我到臺北補習。回想起每年夏天熾熱的太陽照在從家裡到士林的路上，刺眼的陽光讓我們汗流浹背，還有冬天從海邊吹來從不停歇的狂風，尤其當寒流來襲時，即使穿再多還是不覺得溫暖，我們母子兩人在路上相扶持相依偎的時光，就覺得母親真的為我付出太多太多。

甚至在我國三時，爸爸失業，家中少了經濟支柱，媽媽

還回娘家找外婆，外婆與乾媽也大方地提供金援，讓我數學補習能夠不被終止。

姑且不論這 11 年花了多少補習費、多少車錢，光是時間的投資就很可觀。回顧這段通勤補習歷史，我衷心感謝媽媽對於栽培我數學天分的堅持，讓我在國小到國中的數學都比一般學生好，甚至在國高中都進入由表現特殊或優秀的學生組成的數理資優班、實驗班。

國二時，我的數學能力已經可以直接超修大一的微積分，還能代表學校參加數學競賽，與全國其他資優生競爭，這是我在人生中第一次感受到教育威力的強大，也是我人生中重要的一個里程碑。

由於三芝鄉下的教育資源匱乏，大部分的鄰居親戚都覺得小孩子只要就讀附近的學校，方便就好，但爸爸卻堅持送我去讀臺北的學校，從國一到高二，整整五年的時間每天開車送我到學校。我們每天早上 5 點半起床，6 點出門，7 點到學校，爸爸再到公司上班。

看在周遭的鄰居親友眼中，爸媽的行為簡直是瘋了，但

是他們卻不在意別人怎麼想。長大後我問過爸媽，當時為何願意這麼不辭勞苦，即使家裡經濟出狀況時，還堅持給我豐富的教育資源？他們說因為教育是給孩子最棒的禮物，只有受到良好的教育和栽培，窮孩子才有翻身的機會。

往返臺北上學的這五年間，爸爸都會在車上跟我聊做人處事的道理，爸爸是個虔誠的佛教信仰者，經常講解佛經的背後含義。在他的啟發下，我從小就覺得處世要有正義感、要常懷感恩與惻隱之心，並遵循儒家思想：「君子愛財，取之有道。」

爸爸有時也會分享他好友的創業辛酸血淚史，令我印象深刻的是一位「小時吃不飽，長大蓋帝寶」的叔叔。這位叔叔家裡賣菜，從小家境也不寬裕，必須靠著半工半讀念夜校才完成學業。但是貧窮沒有限制他對人生的想像，如今這位叔叔已經獲得好幾個碩、博士學位，同時身為建造帝寶社區水電工程公司的董事長，在臺灣也是一位頂尖的人物了。

🔑 金融海嘯吞噬了我的家

　　我們家幸福的小日子沒過上幾年，就被發生在 2008 年的金融海嘯重創。

　　我讀書期間，爸爸在一家螺絲工廠擔任修理機器的技術人員，薪水待遇還不錯，但在我讀高一時，爸爸就被迫偶爾放無薪假，到 2009 年時，螺絲工廠倒閉，於是爸爸失業了。

　　由於祖母在我國中時就中風了，所以爸爸除了要負擔沉重的醫藥費、每個月的看護費，再加上年輕時想要改善生活而有過 6、7 次創業經驗，但幾次下來不論是被合夥的朋友搞砸，就是開店沒有選對地點，甚至被友人欺騙，每次創業都以失敗收場，留下了好幾百萬元的債務。

　　爸爸開始放無薪假後，家庭的財務狀況更是雪上加霜，面對祖母的醫藥費、創業欠下的債務、生活開銷……等，爸爸只好開口跟朋友借，或是靠朋友好心資助。

　　為了撐起這個家，在我升高三的暑假，體格不算強健的爸爸開始在假日跟著朋友去當搬家工人。一般工人一個人就

可以扛一臺冰箱，但對於瘦弱的爸爸卻是非常吃力的，然而他為了家庭還是撐了下來，並且做了好幾個月。

在這段期間，爸爸還當過舉建案看板的臨時工，假日到北投山上當交通指揮人員，這份工作即使看起來不累，但事實上在太陽底下站一整天也會汗如雨下、腰痠腿疼。他也曾去桃園當大夜班的搬貨工人，只因為薪水比較高。

這些點點滴滴的細節我全都看在眼裡，痛苦的心疼著爸爸，因為我不能分擔他正在承擔的。我懊惱著自己還在念書，還沒有賺錢的能力，不能讓家人過上更好的生活。

曾經有人問我：「嘉宏，面對這一切，你曾經有過怨天尤人的想法嗎？怨自己不是出生在富裕的家庭裡？」

其實我一直是一個不太抱怨的人，堅信一切都是上天最好的安排，當然偶爾會羨慕那些有背景的人，但還沒進棺材前，又有多少人能定義誰比較成功呢？

最難忘的是妳

　　每次在遇到困難時，我總是習慣性的先給自己一個微笑，就像阿嬤每次都對著我笑一樣。

　　阿嬤年輕時是女工，為了賺錢養家，即使工廠要求再龐大的工作量，她都會接受。阿嬤有兩個小孩和十幾個孫子，她身體還健康時，孫子們幾乎都是她帶大的。我是家裡的長孫，所以阿嬤很疼我，每當我跟阿嬤說想要什麼，她一定都會買給我，我們祖孫的感情十分深厚。

　　後來阿嬤中風臥病在床，爸爸毫無怨言地挑起照顧阿嬤的重擔。爸爸是出了名的孝順，不管生活給他的打擊多大，爸爸每天都會去陪阿嬤說話、逗她開心，不讓阿嬤擔心。在爸爸以身作則的榜樣下，我跟弟弟也都會自動自發地去照顧阿嬤，跟阿嬤聊天、說說有趣的事情。

　　高中剛畢業我就開始創業，我會跟阿嬤報告我的創業目標、計畫，預計能賺多少錢，阿嬤雖然聽不懂我描繪的事業藍圖，也擔心要冒很大風險，有時候還問我要不去找個穩定

的工作，但她又非常愛我，看我說到眉飛色舞時，她總是看著我慈祥地微笑，用微笑幫我這個憨孫加油。

我永遠忘不了 2012 年 11 月的冬天夜裡，醫院發出阿嬤的病危通知，當時我才剛從臺北任教的補習班下班，接到通知時心都慌了，只能讓朋友載著我飛奔到醫院，當晚家人守護著阿嬤一夜，等全家人到齊，阿嬤才安詳離開。

在阿嬤的靈堂上香時，我眼淚不停的流，只祈求阿嬤能在天堂快快樂樂的，並保佑我能創業順利。阿嬤過世那年的年底，我參加臺北大型補習班的選秀比賽，我懷抱著對阿嬤思念的力量，用盡生命去努力，終於順利擊敗二、三十位前輩，成為南陽街最年輕的補教新秀，成功打入進入臺北大型補習班的大門。

阿嬤是個傳統婦女，她任勞任怨，為家庭盡心盡力付出，疼愛家人、呵護所有孫兒。她讓我知道，遇到問題不要害怕，永遠都可以用微笑化解、用正面的力量解決，雖然阿嬤離開了，但她的精神我永遠都會記在心裡。

🔑 生命總會有轉彎的時候

升大學時我曾重考過，但不是因為沒考好，而是為了想追求更好的人生。

當年我的目標是當醫生，一方面是為了想治療阿嬤的病，另一方面單純地覺得當醫生是一個能幫助人又能賺錢的美好工作，但是第一年的考試我沒能考上。

為了重考，我決定報名臺北重考補習班，但詢問之下十個月的補習費用都介於 18 到 23 萬元之間，家裡不可能支援我這筆龐大的費用，所以我只好硬著頭皮去找工作。

我去應徵過書店、咖啡廳的店員，但店家都以我尚未役畢而拒絕。最後我終於找到一份工作，在夜市攤販賣德國香腸打工。老闆知道我英文不錯，還用每小時 140 元的雙倍時薪聘我（當時的基本時薪是 70 元），當下我想說一天我就能賺一千元，還非常開心。

但是上班三天後我就辭職了，因為這三天正好是除夕、大年初一、初二，打工完我累到完全不能讀書，而且我也思

考，這樣的薪水根本不能支付重考費，更遑論幫助家裡改善經濟狀況了。

離開這份工作後，我就給自己一個信念：未來我的時薪絕對不能低於 140 元，一定要有 500 元、1000 元起跳，未來還要到 1 萬元、10 萬元。這份信念就像蝴蝶效應般影響著未來的我。

因緣際會之下，一位參加國中家長會的太太，正好是我媽媽的朋友，女兒的成績是校際排名名列前茅的學生，這位家長知道我長期在臺北念書的經歷，於是串連了幾位家長，問我能不能把臺北的教育資源引進三芝鄉下，弭平城鄉差距。

於是我就從一張桌子、三個學生開始，幫這幾位都是全校排名前幾名的學生補習數學和理化。剛開始場地是在媽媽的早餐店，中午過後我就把吧檯推開，改放桌椅，從三月開始一路帶著這幾個學生，沒想到來參加補習的學生越來越多，從三個一直收到二、三十個，最後早餐店坐不下了，才開始找公寓當教室，並找朋友一起幫忙教課，招收更多學生。

到八月我進重考班前，靠著幫學生補習的收入，已經可以支付我重考分期的費用，還有在臺北的房租跟一部分的生活費，接著我也順勢積極開始找較大的補習班合作。

從此我相信生命總有轉彎的地方，上天會幫助人開啟另一條道路，只要相信，就能看到轉機，"To believe, then to see."。

雖然第二次放榜後我依舊沒有考上醫學系，卻考上國立臺北大學，我說服自己，「品嚐失敗後，才能享受成功」，雖然我不能當醫治疾病的醫生，但能當一個教育家，醫治社會的心病，讓孩子、社會變得更美好。

🔑 那一道光芒

上大學後，我依然積極運作著補習班的事業，並籌畫擴大營運，於是鼓起勇氣投石問路，跟周遭的朋友聊創業夢想，跟朋友的爸媽講創業的規畫，也開始找跟其他補習班合作的機會，甚至還拜訪不同產業、公司的老闆，想請他們投資我

的補習班，或是贊助一些資金。

　　但我當時只是個 18 歲的年輕人，沒有資金、沒有人脈，也沒有傲人的家庭背景，只是一個白手起家的素人。大家都覺得我只是個小孩子想要開大車，不可能做到我提出的那些創業方案。

　　拜會了數十家公司後，我終於遇見了我事業上的一位大貴人，姑且先稱他為 A 老闆。見面時他問我說跑過幾家公司了？我回答說超過 40 家、快要 50 家了，他聽到後，十分欣賞我不放棄的毅力，認為我不只是玩玩而已，而是有決心要做一番事業，於是要求我提交「創業企畫書」，他會認真考慮投資。

　　那時我根本不懂什麼是企畫書，也沒有寫企畫書的能力和經驗，於是我馬上衝去圖書館借了 3、4 本相關的書籍開始研究。接下來的 3 天，我幾乎沒有睡，迅速寫出了一本有 109 頁的企畫書提給 A 老闆。

　　A 老闆約我在士林的一家怡客咖啡見面，我永遠都記得當時的畫面——我跟 A 老闆終於談成合作，他點頭答應投資

我 200 萬元！這是我第一筆創業啟蒙金，對我影響深遠，迄今我仍深深感謝 A 老闆當年挹注的這筆及時雨。

對於追求夢想，馬雲說過一句名言：「晚上想想千條路，早上起來走原路。」他認為追求夢想的關鍵在於「你敢不敢行動」。我知道我一定要改變，只有勇於改變，才能打破現狀，讓經濟狀況改善、讓生活變好，給家人過更好的生活。

我的外表看似溫和，實際上內心住著強大的反骨和鬥志，面對別人的質疑和取笑，我就一定要成功、過得更好來證明給他們看。影響我最深的一句話之一，是高中班導師說的：「不要當被同情的弱者，要當被嫉妒的強者。」因為他勉勵我的這番話，讓我註定要成為勇者！

🔑 少年得志徒傷悲

獲得投資資金後的我，學生的數量也增長得很快，所以對接了其他補習班的資源後，現金流馬上就很夠應付營運的開銷，甚至還有盈餘。在 3、4 個月之後，我就開始有拓點

的野心，開始規畫更大的教室及更新的軟硬體設備。

　　這時候有家長開始鼓吹我往淡水、竹圍拓點，慢慢往臺北靠近，他會幫忙介紹學生，還會協助規畫，甚至投資補習班，於是我興奮地前往淡水設點。

　　但是淡水的拓點卻失利了，才開不到 2 個月，就草草結束。

　　這一跤跌得我鼻青臉腫，但對我未來的創業之路卻是一個重大的啟發。

　　在收拾好自己失落的心情後，我反省當時犯下的錯，歸納出幾個失誤：第一，我當時太有自信，以致於在缺乏詳盡的規畫下就冒然決定拓點。第二，是太輕信別人的吹噓，沒發現對方提出的合作只是說說而已。

　　俗諺說：「少年得志大不幸。」回想起來我其實十分慶幸自己早早摔了這一跤，這次拓點失利給我上了一課教訓，讓我之後不論在開公司、跨產業經營新公司前，都會經過謹慎地評估規畫後才會放手行動。

🔑 馬鈴薯的信念

跑到淡水拓點的這段期間，因為現金流周轉失靈，我跟那時一起創業打拚的夥伴日子真的很辛苦，最困難的時候是連每個月近 1 萬元的房租都湊不出來。

如果是你，你會怎麼辦？

大部分人的想法可能是去借錢，或是家當整理後跑回家，但我跟創業夥伴都是從 18 歲後就搬離家裡出外打拚的年輕人，最不願意的就是讓父母擔心，這也是我認為孝順最基本的處事態度。

後來我們經過介紹，去國小當裝日光燈燈座、換燈管的工人，這也是我第一次接觸辛苦的勞力工作。我還記得，燈座的邊緣是沒有打磨過的粗糙金屬片，每次搬完燈具後，手肘手腕上都會出現被割傷的血痕。

我跟創業夥伴做了這個工作一週，先把繳房租的錢賺到，剩下沒多少錢能吃飯，我們只好靠吃馬鈴薯過了一個月。

這 7 天的工作雖然身心俱疲，但我領悟到：只要這個夢

想是自己真心想實現的,我真的想成功,那麼再苦都要撐下去!我跟夥伴都不是選擇安逸度日的人,我們想要過不平凡人生的信念如此強烈,所以我們告訴自己,下個月絕對不要再靠馬鈴薯維生了!

接下來,我們沒有選擇回到三芝守住原來的補習班,而是勇敢的離開淡水到臺北發展,跟大型機構、補教名師合作,甚至拜師學藝,啟動了在北北基、桃園、中壢的補教事業。

🔑 別怕黑暗,太陽依舊升起

只要是創業過的人都知道,創業的日子一定有黑暗痛苦的時候,但我想請大家相信——這些日子再辛苦都會有過完的一天,端看自己用正面的態度還是負面、平凡過一生的想法去應對。無論如何,太陽總是會升起,但就像馬雲所說:「今天很殘酷,明天更殘酷,後天很美好,但是絕大部分人死在明天晚上。」如果我在啃馬鈴薯時沒有堅持住自己的信念,而是轉念回三芝老家,就沒有現在的我。

　　2013 至 2014 年這兩年，我想把自己內心的信念整理好，並設定臺灣扎根、邁向國際的目標，因此開始大量去參加世界大師的課程，其中激勵大師 Anthony Robbins 有一句話影響我最深：「這個世界上有很多行業都有它存在的價值，卻沒有任何一份工作比得上改變人類命運來得更有意義！」

　　在來到臺北重新整裝出發後，我不僅開始授課，開始經營連鎖補習班，還開始跨領域的創業，包括打造數位化電子線上平臺、開始受上市櫃公司邀請當顧問，跨足新媒體行銷領域。

　　由於從大大小小的專案中打底，厚積我的經驗，在 2016 到 2018 年間，我的耕耘開始受到各界的肯定，包括 2016 年獲得傑出企業楷模的殊榮，2017 年得到臺灣品質保證金像獎（教育類）的肯定，獲得前副總統吳敦義的表揚。

　　然而，我一直覺得自己一路走來受到過太多貴人扶持，也深信「受人滴水之恩當湧泉以報」，於是在 2017 年立下心願，要做教育培訓，成為別人的引路人，幫助年輕人創業，捐助自己演講費的部分收入來做社會公益，希望拋磚引玉，

引領更多企業家重視及參與。這個願景在 2018 年獲頒華人公益企業家金傳獎，由前總統馬英九親自頒獎給我！

你以為這是我人生故事的極限嗎？不！這只是另一個起點而已。近年，我已經開始接中國大陸一些大型企業的顧問案和培訓合作案，開始將我的事業版圖從臺灣拓展到更大的世界舞臺上，為我下一個十年計畫開始布局。

創業者為了改變自己的處境、改變社會，一定會遭遇灰暗低潮的時刻，但千萬不能喪志，因為你不亮，別人就會亮；你不解決問題，別人會幫你解決；你不賺的錢，別人會賺走。

我期許自己、每個人都要像顆小太陽，能夠自行燃燒發射光芒，即使黑夜再長，也能夠突破黑暗準時升起，照亮自己也照耀別人。

無所畏懼就天下無敵

千金難買少年窮。

從小我就太了解貧窮、失業、被人看不起的滋味，但正

因為有缺憾、需要辛苦去爭取資源的成長過程，讓我更有目標、有企圖心、更有進取意識。

我是一個白手起家、沒有家庭背景、沒有豐富資源的素人，從 18 歲開始創業這八年來，也體驗過何謂「靠山山倒、靠人人跑」，還見識過不少公司太過浮誇的合作騙局。

但是這些都不會影響我或擊倒我，我堅信：「如果你不花時間去創造你想要的生活，你將花更多時間去應付你不喜歡的生活。」

在創業後，我深刻領悟到創業家必須讓自己成為勇士，勇往直前。但我不是勸人冒然往前衝，去走不必要的險路、去冒不必要的險。而是在分析評估認為自己做的事情對的，即使自己心中再恐懼，前方的路充滿障礙，依舊要採取行動。

這幾年我跨行挑戰過幫科技業開發線上教學平臺、當農產品的行銷顧問、傳產行業的顧問，也挑戰旅遊業搭配觀光工廠的專案，還有教育培訓的社會企業。

這些跨行挑戰並不是上網查查資料就能應付，而是我投資大量的閱讀時間、學習各大公司的商業模式與成功者態

度，主動拜訪一些企業主，甚至與一些培訓機構邀約的世界大師學習一流的經營管理，融合各領域的商業模式，跨領域整合資源後才得到的成果。

面對挑戰的心法就是——「永遠不要覺得自己夠了，很多時候你以為的極限，往往只是別人剛開始的起點」。

🔑 死也要成功

一無所有就是我最大的財富，它讓我產生改變命運的鬥志。當我扛下二十多萬重考補習費時，我也把這筆費用當作投資，我想要在競爭激烈的補習界成立自己的品牌。

為了達成這個目標，我給自己訂下「每天進步 1％ 計畫」。在重考班上課時，我總是準備兩本筆記本，一本抄課堂重點，另一本寫每位老師上課的觀察記錄。我捕捉每個老師如何抓重點、寫板書、怎麼淺白講解重點、帶入哪些笑點讓學生記憶，甚至連擦黑板都是講究的功夫！

在複習完功課後，我就會開始在腦海中演練模擬自己上

課的情景，有時還修正其他老師美中不足的地方。就是經過這一連串有計畫性的自我訓練，我才能在 20 歲時的補習班選秀中擊敗強勁對手，立足臥虎藏龍的南陽街舞臺！

想要成功的強烈企圖心，驅使我這些年幾乎全年無休，一週工作 7 天，一天工作 15 小時。當其他大學生在 KTV 夜唱時，我在補習班教書，當同學在聯誼時，我在跟同事開會，當許多人在虛耗生命時，我在寫書想為這個世界來點正能量。

雖然每個階段都像倒吃甘蔗，也比上一個階段收穫更多，但在達成我的人生終極目標前，我是絕對不會滿足於現狀、自我鬆懈的！

🔑 未來展望 自我願景

投身補教業 8 年多的時間，我教過的學生陸續從高中、大學畢業，他們即使畢業後還是會和我保持聯絡，聊聊彼此的動向。很多學生都會諮詢我：「老師，怎樣才能跟你一樣

創業順利，擺脫 22K 的宿命，成為一位有所成就的年輕企業家？」

看著臺灣年輕人普遍低薪、對未來茫然失措的現象，還有年輕人創業因為缺乏經驗與業師的輔導傳承，而失敗者居多的現狀，我彷彿看見當年青澀的自己。

我想要用自身經驗以身作則，讓臺灣學子看到不一樣的人生模組，所以創辦了一間國際創育公司，以我的創業實戰心路及參與過多場創業比賽的洗禮，還有擔任數家上市櫃公司行銷顧問的經驗，並邀約許多企業家共襄盛舉，扶助年輕人踏上創業之路。

對於我所創辦的教育培訓公司，我的使命是「堅持、行動、正向、分享愛」。我希望透過教育改變更多人的命運，協助他人成功，實踐最初的夢想，並擁有全方位幸福人生。

我也想請你想想自己人生的使命感是什麼？

如果你覺得很迷茫，找不到自己努力的方向，不知道該為誰、為何而戰，你不妨先回到最初的自己，給自己一分鐘在內心問答一下：

- 我想要過的生活是什麼樣子？

- 我小時候的夢想跟現在的夢想是什麼？差異在哪？

- 給自己的狀態打個分數，我是積極向上，還是消極缺乏活力？

當你摸索出上述答案後，相信就能找出你的人生使命、設計專屬於你的生涯藍圖。

將「我」看淡，人生處處精彩

> 能在生命的高峰與低谷都用平常心對待，
> 才是真正的強者！

從南臺灣廣播界潛力新星，跨足電視製作、媒體行銷，最後在原住民電視臺擔任主播及節目主持人長達 8 年，長期為原民的權益發聲。2013 年回到屏東泰武鄉的深山部落，與家人共同創立「宿天空觀景餐廳」，將當地從荒煙蔓草，打造為知名觀光景點聚落，同時更繼續活躍於媒體圈，並曾擔任 2018 年亞太影展營運長。

巴魯個人 FB：https://www.facebook.com/forzbalu
宿天空觀景餐廳：https://m.facebook.com/balucafe

個人臉書

宿天空觀景餐廳

殊榮：

- 1996 年 10 月 成為了全臺灣最年輕的廣播主持人
- 2006 年 10 月 成為了原住民族電視臺的主播
- 2013 年聖誕節在屏東自己的故鄉與家人共同開創了
  「宿天空觀景餐廳」
- 2015 年 8 月 創設「中堅俱樂部」，如今邀集各界菁英，
  盼能在菁英先進的經驗裡尋得人生的真價值。

送走了最後一個客人，打烊後在自己最喜歡的觀景座位上，品上一口自家烘焙的咖啡，感謝上天讓我有機會在 40 歲前體驗人生初次創業的美好成就，是「宿天空」走過創業初期的低谷後，我每天犒賞自己的禮物。一天又一天，行禮如儀。

2013 年聖誕節，我從一名新聞主播轉變成南臺灣最美麗夜景餐廳的業者，這是我的王國，可眺望臺灣海峽的小琉球、高雄 85 大樓以及義大世界摩天輪，為媒體報導喻為「北有陽明山、南有宿天空」的宿天空觀景文創園區。

從屏東的部落起始，走過 20 年絢爛且令人稱羨的媒體生涯，最終，我仍然依循著心裡的聲音，回到這片土地。

🔑 小小賣貨郎，10 歲月入 10K

回鄉創業，自然有許多辛苦的過程，但在媒體多年採訪原民產業的點點滴滴，不僅是我以環境對等的意識經營宿天空的靈感，回到故鄉打拚的這段期間，也讓我回想起更多孩

提時候的事。

還記得 1987 年寒假，那年我 10 歲，本就喜歡到村內的籃球場看著大哥哥們打籃球的我，因為身高太矮，常只能在一旁當啦啦隊。

下午 3 點之後，許多孩子都會到籃球場玩耍，自然就形成人潮。有一天，正在為表哥加油吶喊時，一名與我年紀相仿的女生，突然拿著手上的蜜餞盒，問我要不要花一塊錢抽一張籤碰碰運氣。在部落裡，孩子們將抽籤稱為「拔抽」或「拔翹翹」，意思就是「賭一把」，也有人稱為「抽當組」。

由於小時候媽媽開雜貨店時，常在店裡幫忙，腦筋動得快的我，立馬回家拿了所有壓歲錢，騎著單車跟表哥們衝去潮州鎮的批發店買拔抽。

因為騎的是小朋友騎的中型單車，足足花了一小時才抵達孩提時代的大城市，看到琳瑯滿目的拔抽，簡直興奮得不得了，有的一盒 8、90 元，有的竟然只要 17 元，讓我買得好不開心。想到打球的人會想喝飲料，我又加購了一箱蜜豆奶跟一箱舒跑。

當天，我把所有存的壓歲錢 1,000 多塊全都梭哈了，這對年僅 10 歲的我而言，簡直就是一場豪賭啊！

隔天下午，我拿了所有貨品和父親買給我的摺疊式小書桌，帶著放了冰塊的大水桶，直接在球場旁做起了小販生意。果然，一堆人跑來玩拔抽，打完球的人就來買舒跑跟蜜豆奶，短短不到兩小時內，我就賺到超過 1,000 元的收入。

之後幾天，我每天騎一個小時的腳踏車去城裡補貨，批發老闆直誇我年紀小小真會做生意，一個星期過去了，竟然累積了 1 萬塊的淨利，甚至還被爸媽誤以為我偷錢……

不過也因為我的生意好，漸漸的也有其他小朋友學著擺攤了。但俗話說，賺錢賺的就是先機，在我擺攤初期，因為是農曆年後，小朋友因收到紅包荷包滿滿，寒假尾聲時，大家的錢也花得差不多了。

很快的就有人經營不下去，把貨賤價賣給我，這讓我更節省了騎車補貨的時間，扣掉時間和勞力成本，即使把賣不完的貨拿回家當零嘴都還是划算。

雖然過程中，也會遇到有人要吃霸王餐、白玩拔抽不付

錢，幸好當時我的遠房表哥是當地「有力人士」，很快幫我把所有東西和錢要了回來。這也讓我小小年紀就體會，做生意就是要有人罩（當然現在經營宿天空，靠的是合法的警民合作）。

🔑 3 個月菜鳥，連獲廣播界多項大獎

但在當時，做生意只能算我的第二志願，能像電視機裡的那些明星們唱歌、演戲，盡情展現自己的才藝，才是我最最嚮往的。

所以在升高中時，雖然曾考上屏東工科的名校「永達工專」，但念不到半學期，為了實現心裡對演藝工作的憧憬，我決定向家人攤牌……。那一天，父親不解的神情和母親的怒氣，我至今記憶猶新。

在拗不過我的情況下，母親仍在 1993 年陪我一同北上參加臺視演藝訓練班的考試。而我也很爭氣的，一舉考取演員班與歌唱班的資格。

只是，這個令人開心的結果，在親友間卻只引來百般嘲諷，紛紛斷定我很快會回家的。

不服輸的我，更加堅定要做出一番成績的決心。所以，半年的訓練期內，我投靠了母親在臺北做鐵工的老朋友，跟著在工地裡綁鐵，為了夢想一點也不以為苦，尤其當鐵工一天還有 1,750 元的薪水，這對年僅 15 歲的我根本就是天價，雖然烈陽曬到皮膚都焦掉了，但因明白自己正在追逐心中的夢想，心裡覺得很甘甜……

然而半年過去了，我日復一日的賺著 1,750 元，卻從未獲得來自臺視的通告機會，親友的質疑不停在我腦海裡鼓噪，也逐漸消磨我的信心。於是，我在半年後回到了屏東，選擇先到加油站打工，再思考下一步要怎麼做。

誰知，一開始極力反對我走這條路的母親，竟然成為我最大的支持者。

由於擔心我無法完成學業，母親到處打聽演藝相關的學校與科系，在母親的鼓勵下，我也順利考上高雄的中華藝術學校，雖然每天往返的車程近 4 小時，但和臺北比較起來一

點也不覺得遠。3 年下來，我不僅獲得最佳演員獎、校內傑出青年，也累積了大量的舞臺經驗。

　　藝校畢業後不到半個月，我在母親的奔走介紹下，獲得一家廣播電臺工程部助理的工作機會，第一天上班的早晨馬上接到總經理查勤的電話，總經理交待下午開會的事項後，忽然又提醒了一句，會後要和我單獨談談，當下忐忑的心情簡直是坐立難安。

　　當天下午開完會後，總經理安安問起今天是誰接了她的電話，我緊張的舉起手，她上下打量完後說了一句：「聲音不錯！」

　　這讓我大大鬆了一口氣，卻不知道這是改變我命運的起點。

　　由於總經理的提拔，我從此打開了廣播 DJ 的生涯，也很爭氣的在 3 個月後，就拿下南臺灣電臺情人第 6 名、節目第 7 名，創下了主持僅 3 個月即拿下廣播電臺人氣獎項的紀錄。

🔑 20 年媒體生涯，造就豐富人生歷練

只是，當廣播工作如日中天時，我卻接到入伍通知。入伍前，安安姊特別為我擺設宴席，並邀請我退伍後再回公司繼續努力，而我也成了這位金鐘廣播天后的關門弟子。

尤其，在廣播電臺工作時，正逢 1996 年麥可‧傑克森到高雄參訪無障礙之家，從小就非常喜愛麥可的我，竟然有機會在麥可面前獨秀一支「比利珍（Billie Jean）」，成為生命中最重要的記憶之一。

入伍後，由於擁有舞蹈底子，被徵召加入了憲光藝工隊，原本開心能發揮所長的我，很快就領受到這單位的魔鬼訓練。

但日後，我卻很感謝部隊當時超級嚴苛的要求，造就我後來不畏任何壓力的特質。

1999 年退伍後，我回到了南臺灣的原公司，不過對娛樂事業充滿期待的我，仍在當年 8 月選擇離開南臺灣到臺北發展。

在貴人協助下，我成了唱片公司的宣傳，雖然沒能一圓歌手夢，卻對唱片圈的生態有了更多了解。

但最後礙於生活現實，我只好重回熟悉的廣播工作，從亞洲電臺的廣播 DJ，輾轉有了 GOOD TV 好消息電視臺節目執行製作的經驗，並銜接到富躍購物臺（VIVA 購臺前身）媒體包裝暨行銷專案的工作，且自 2005 年 6 月開始在原住民族電視臺服務。

從 1996 年起，我在媒體圈服務長達 20 多年之久，一路走來的確篳路藍縷，但有幸能在原住民族電視臺的栽培下，造就了「優質節目獎（石板屋下的誓約）」、「第 47 屆金鐘獎行腳節目類（走！去部落）」，以及「卓越新聞獎（晚間新聞獎）」等成績。

是這些成績，改變了家族對我這個「令人頭痛的小孩」的眼光，但如果沒有母親一路以來的支持，師父安安姊以及所有貴人的幫助，我是無法達到的。

🔑 拿掉主播光環,深山創業吃盡苦頭

20 多年的媒體生涯,老實說非常過癮,也非常充實。但每次採訪到一些成功人士時,我總會想,如果這些方法能用來改造故鄉,那該多好。

尤其是 10 多年前到原住民電視臺後,每當走訪部落,看到這麼多耆老,甚至年輕族群,各自以不同方式,為部落默默付出,我心裡的某個角落也開始產生了變化。

回鄉的意念,從此不時的會竄上心頭。

直到 2012 年,我才依從著心裡的聲音,回到故鄉屏東縣泰武鄉舊武潭村的深山部落,開始和家人著手規畫觀景餐廳的開設。循著先祖回饋部落與分享的精神,希望將在外所學習到的行銷能力,置入在自己的部落環境裡。但這段時間我還沒有放下原視主播的工作,直到 2014 年 1 月 3 日才正式離開臺北,專注在宿天空的經營。

2014 年 1 月 4 日一回到家,就要面臨從水泥房變成野外露營生活的考驗,由於設立的餐廳位處於深山,又有諸多貴

重器材深怕被不肖人士竊走，所以在一開始，我和當時的未婚妻就只能勉強住在非常老舊的貨櫃屋。

貨櫃屋內的潮濕味重也就算了，每當夜闌人靜時，蜘蛛和各種昆蟲爬過窗戶的聲音都相當巨大刺耳，常嚇得我跟未婚妻拿著電蚊拍不斷驅趕蟲子，但因晚上只要一開燈，飛蛾與蟲子就會被光線吸引，從四面八方飛來，總是驅不勝驅、防不勝防，後來乾脆就學著如何跟這些大自然的「原住民」一起相安無事的生活。

此外，由於是剛開發的環境，園區裡光被我用補蛇器抓過的蛇就超過了十條，當然這些蛇老大們都被我安全的放在遠處放生。

有時回想過去用鍵盤打文字的我，與捲起袖子學習如何當工地工人的我，簡直南轅北轍，不過看著園區的建設在家人一點一滴同心協力打造下，一切仍是甘之如飴。

🔑 主播變端菜小弟，身段、心境面臨考驗

不過，所謂「隔行如隔山」，從沒經營過餐飲業的我們，真正的考驗，是直到初步建設完成，並於 2013 年聖誕節開始試營運後，才開始降臨。

或許是過去在行銷工作的磨練，還算有點成果，在試營運期間，每到假日湧入的爆量遊客，讓我們很快就從開心轉為如臨大敵。因為客人簡直多到不可思議，就算有再多的員工支援，每次光是被客人催菜就催到快腦中風。

尤其因為餐廳位在偏遠山區，如果沒有抓好足夠的食材數量，就算有再多人手，同樣是「巧婦難為無米之炊」，只能不斷跟客人道歉，再目送客人離開。

自然的，網路上逐漸出現負評，也就可以預期了。不過這都被我們視為非常寶貴的經驗，如果沒有這些督促，宿天空不會有現在的美好光景。

為了提供更好的服務，除了土法煉鋼地從客人的謾罵聲中一步步做微調外，我也特地到高雄的飲料調製中心受訓，

考取和過去行業完全沒有關連性的飲料調製丙級執照。

由於是邊做邊學、邊學邊做，前半年平日的收入十分慘澹，僅靠假日的高人潮仍然是不夠與家人均分的，要說不曾萌生退意，是騙人的。

但真正的考驗還是來自他人的眼光，雖然我是抱著歸零的心態回到原鄉創業，但畢竟是半個公眾人物，難免會有被客人認出來的時候。

妙的是許多人常會用惋惜的語氣問：「怎麼會來這裡工作啊？」、「在這種偏遠的深山裡賺得到錢嗎？」這類的問題始終不曾停過，我也從一開始熱心分享回鄉創業就是我的初衷，到後來隨著時間過去，收入卻始終無法穩定，而變得越來越心虛。

並心想，與其被認出來，問東問西的，我倒寧可大家都只把我當一個端盤子小弟，被使喚來使喚去的。印象最深刻的是，曾從一位媽媽手中遞過尿布，用不耐煩的語氣要我幫她丟在離她不到一公尺的垃圾桶內，當下才驚覺自己過去好像也曾經這樣對待過服務生，並深刻反省起自己。

　　不過，這類事情還不算真正的困擾。畢竟壓力大時，我還有另一半與家人的支持，需要偶爾放空時，我也曾任性的將店務交給不熟悉的家人，自己開車到海邊去釋放負面情緒。

　　最大的打擊，來自開店半年後，未婚妻提出分手的要求，只給了我一個理由──她不想一輩子在深山裡生活。

　　雖然當時我腦中閃過無數個念頭，為何現在才發現自己不喜歡深山裡的環境？是不是收入不穩定讓她看不見未來？是不是對我失去信心了……直到最後，我仍不知道她真正的理由，只能選擇放手。

🔑 重拾活力，創造高回流率

　　全心工作，真的是最好的療傷方式，於是我開始將醒著的所有時間都投入工作，加上覺得最糟的狀況也不過如此，我慢慢重拾過去在媒體工作的性格與活力，簡單說就是豁出去了。

於是這樣的戲碼，便時常在店裡上演。

美女客人：「帥哥，我們是巴魯的好朋友，來這裡消費有沒有打折？」

我回答：「哇！巴魯是怎麼認識到這麼漂亮的妳們，他也太幸福了吧？」

美女客人：「嘿呀！他有採訪過我們，他對我很好餒。」

另一熟客走到櫃臺，抬頭問我：「巴魯，我的咖啡還要多久才會弄好？」

隨即只覺得一陣涼風吹過，美女客人臉上的笑容也瞬間凝結。

還好在媒體工作久了，臉皮厚，反應也快，我很快以笑臉面對眼前的美女客人說：「我真的很興奮認識妳們！」並拿出手機秀出 LINE 的 QR Code，示意要她們將我加為好友，並不忘補充一句：「還有，我現在單身喔。」

由於我的火力全開，高回流率讓店裡的生意越來越好，到了 2014 年下半年，生意已十分穩定。在沒有動用過去媒體資源下，只靠著臉書地方社團，幾近零成本行銷方式，宿

天空已在屏東地區的餐飲界打出知名度，也備受鄉親的認同與肯定。

🔑 從社群擴大視野，將故鄉打造成觀光聚落

由於從媒體圈到餐飲業，等於是 180 度的大轉彎，從一瓦一木的搭建，到創業初期多如牛毛的繁雜工作，讓我幾乎沒有餘力想太多。

直到大弟鎧琳的提醒，才讓我真正將過去在媒體圈的經驗，和餐廳經營扣連起來。

2015 年，大弟鎧琳在完全不向家人開口要一分一毫的情況下，白手起家投入了近 200 萬臺幣，在園區旁創設了一間專門為在地咖啡農烘焙咖啡豆的「嵐咖啡館」，藍白相間的色系充滿了地中海風格，雖在山林間卻感受到海洋的氣息，向來佩服大弟創業理念與毅力的我，自然也是店中常客。

有一天，就在大弟為我沖煮一杯咖啡的片刻，對我說了一句：「大哥，如果我是你，所做的很可能會超越眼前的百

倍！」

當下我只回了一句：「真的嗎？」但品著弟弟烘焙的咖啡的我，也從那一刻起開始思考，如何運用過去媒體工作所累積的經驗與資源。

經過反覆思考後，我在一週內運用網路社群，創建了企業家及社會菁英人士的 LINE 群組，「中堅俱樂部 ELITE CLUB」就此誕生。

中堅俱樂部成立的動機，主要希望將自己的人脈無私分享給各界企業與菁英，看見社群裡的互動日趨熱絡，也出乎我意料之外。

其實，原本俱樂部名稱為「精銳俱樂部」，不過因為時任原民會主委祕書陳劉世傑的建議，「中堅俱樂部」這名稱更能符合社群招募菁英的初衷，也很感謝泰雅族企業家林劍萍教導我社團要有其中心思想，於是打造出「彼此守望、互相效力、分享知識、傳遞正能量」的四大信條，著實讓我感到無比的振奮。

因為實踐了我最初「沒有『我』只有『我們』」的設立

意義，短短不到兩星期社團人數就達到 98 人，社團線上的互動超過有半數以上，直到目前為止則已突破 200 人。

為了更有效讓虛擬的線上人際關係變為實質的互動關係，2016 年年初，我們更在林口一間原住民餐廳舉辦第一次的交流活動，直至目前為止，俱樂部前前後後已舉辦超過十場交流會與讀書會，當中促成事業媒合的對象超過上百位。

每次有數位社友問起：「巴魯，我們要如何回饋你？」我的回答自始至終都是同一個答案：「幫助其他人脫貧創富，就是對我最好的回饋，會獎賞我的是我的上帝。」直到目前為止，我從沒有索取過任何社友們因商業合作的獲利回饋，有人笑我傻，但我卻很清楚幫助他人解決難處，就是我一直在找尋的生命寶藏。

尤其，群組的成功，除了讓我重拾過去老朋友，也認識更多的菁英創業家，讓我開始將經營的視角，從「宿天空」單一的點，轉為更大的面，將故鄉更多的青年串連起來。

2015 年時，在大弟與在地青年的協助下，我們以「為部落拚經濟」為主軸，舉辦了「夜泰美音樂祭」，依據當地派

出所的統計，當天湧入這個偏遠山區的人數就有 4,500 人。
這項創舉也獲得了屏東縣政府的注意，甚至還受邀到屏東青
年學院參加所舉辦的青年創業與發展論壇活動。

在這類活動的帶動下，部落族人也漸漸對自己的土地產
生信心，群聚效應開始發酵，到目前已有超過五間餐廳在當
地運作，讓泰武鄉舊武潭部落也儼然成了北大武觀景商圈。

能將一個荒煙蔓草的舊部落復燃生機，是最大的成就
感，至於未來如何，或許上主早已做好了另一個精彩人生的
預備。

🔑 謹言慎行，是企業永續發展的王道

或許是上帝的憐憫，正當餐飲事業開始翻紅的 2015 年
底，我也遇見了現在的另一半品柔，並於一年多後，在這海
拔正值 520 公尺、證明愛情高度的宿天空，完成了我們的終
身大事，正式脫單。

或許就因愛情、事業兩得意，正當覺得自己的行銷能力

與影響力被眾人肯定時，也最容易翻船。

正如「水能載舟亦能覆舟」所說的，自認擅於社群網路行銷的我，就在那時在宿天空的粉絲專頁上傳了一則 KUSO 的假雪影片，一夜下來超過了 14 萬人的點閱次數，後來更造成了鄉內前所未有的賞雪塞車潮，此事件甚至還被各大媒體大肆報導。

為了負起所衍生出來的社會責任，除了先錄下自白影片做全盤的說明與解釋外，也在臉書粉絲專頁上盡可能逐一向民眾留言道歉，還曾因這事件被潮州分局以違反「社維法」函送。

這個事件讓我個人與園區形象在一夕之間從天堂掉落了地獄，不過感謝眾人願意接受我的道歉，最後也接到不起訴處分的判決。事過境遷一年後，更在一場官場的酒會上被中央與地方的長官笑稱是「另類的地方行銷」，著實叫我哭笑不得。

但也因為願意誠實面對事件的行為，讓我交上了不少的朋友，由黑翻紅的過程簡直是從地獄又升上了雲端，心中除

了感激還是感激。

🔑 將自我看淡，反而處處驚喜

或許真是運隨心轉，當我開始變得積極正面時，雖然生活更加忙碌了，許多奇蹟般的好運也跟著上門。

2017 年底，好友 FRANK 以及亞太影展執行長洪馬克特地南下到我深山的園區裡，邀請我參與 2018 年亞太影展的籌備工作，起初直感到不可思議，深怕自己沒有電影圈的經驗，當下並沒有給予準確的答覆，直到執行長洪馬克親自來到園區後，才戰戰兢兢地接下了團隊的邀請。

一開始會遲疑，主要因為自己雖然待過媒體圈，卻未曾涉足電影圈，尤其這屆影展涵蓋 22 個亞太影展會員國家，我真的沒有太大信心能達成眾人的期望。但後來，想到聖經上的一段話：「拓展我的身量，加寬我的境界，因祢與我同在。」我決定接下這項挑戰。

事後證明，雖然這僅是一份短期的工作，卻大幅提升了

我的眼界，當然也因此更讓我掌握了優質的合作夥伴，甚至因此接到臺北大直商圈協會的邀請，有機會擔任大直商圈的營運顧問長，籌辦 2018 年年底聖誕月的大直光雕城計畫。

許多奇妙的恩典，許多美好的相遇，在在證明了選擇用正面思考的人，自然會吸引正能量的朋友與貴人。

從物理原理的磁吸效應，我悟出了同理可證的道理，那就是當您要成就一件偉大的事物前，請先找到與自己能量相當，並且擁有正能量氣息的對象。當然您要當磁鐵或是鐵釘，僅在自己的一念間，你選擇了當什麼樣的角色，自然你所堆疊的未來，會有屬於你角色所衍生出來的發展。

很感謝這四十多年的生命歲月裡，所遇到的人事物，讓我在這千錘百鍊的鍛打中熬煉著我的意志，當面對苦難來臨時能有更強大的承受能力。

當然，我們並非是超人，只要是人都有他最低潮或無力感的時候，要宣洩心中苦難的方式百百種。

我永遠都記得我的牧師老媽，曾在我最低谷時問了我一句：「兒子，平安與喜樂，你覺得要花多少錢才買得到？」

我當下聳聳肩回了一句，「太貴了，買不起吧！」母親妙回：「是很貴，買不起，但卻是免費的。」讓我有如醍醐灌頂般，慢慢學著轉念。

　　一路走來，最大的領悟是，能在生命處於高峰與低谷時，都能用平常心去對待的，才是真正的強者，只要能把「我」這個字看淡點，在有能力時多付出一點，總會是得到幸福的那一個。

　　最後，祝願你的人生也能如此幸福且精彩繽紛。

　　至於我的未來，未完待續 ......

大千管理顧問有限公司總經理 **吳信昇**

從 Top Sales 轉戰勞資顧問，找到人生終極使命

法律只保護懂法律的人，
權益是留給知道的人！

從事勞資關係顧問工作十餘年，為上百家中小企業擔任勞資關係顧問，並曾任宜蘭縣推銷員職業工會第一屆常務理事（理事長）、宜蘭縣跨業交流會祕書長及副會長、中華產職勞動勞資關係職能發展總會監事、臺灣勞動力服務人員職業工會聯合會理事、勞動部人才發展管理系統（TTQS）評核委員、臺北海洋科技大學兼任助理教授，長期在警察廣播電臺宜蘭分臺「老師幫幫忙」擔任節目講師，分享各種勞資案例與最新訊息。

個人臉書

Wechat

LINE

殊榮：

- 獲頒宜蘭縣勞資爭議調解調解績優人員
- 榮膺宜蘭市好人好事代表
- 獲宜蘭縣勞工志願服務協會頒發績優調解人員獎勵

經歷：

- 2006年獲頒宜蘭縣勞資爭議調解調解績優人員
- 2006年取得行政院勞工委員會勞工安全衛生管理乙級技術士證照
- 2008年取得行政院勞工委員會就業服務乙級技術士證照
- 2010年取得行政院勞工委員會公共工程防災查核人員證照
- 2010年籌組宜蘭縣推銷員職業工會並擔任第一屆常務理事（理事長）
- 2012年擔任中華產職勞動勞資關係職能發展總會監事
- 2014年取得勞動部獨任調解人證照
- 2014年擔任宜蘭縣推銷員職業工會第二屆理事長
- 2015年成立大千管理顧問有限公司並擔任總經理
- 2015年榮膺宜蘭市好人好事代表
- 2015年擔任警察廣播電臺宜蘭分臺「老師幫幫忙」節目講師
- 2015年擔任勞動部人才發展管理系統 (TTQS) 評核委員

近年來，因勞工意識逐漸抬頭，在企業生存日益困難，勞資雙方又缺乏良好溝通平臺下，導致糾紛越來越多，也讓勞資顧問領域逐漸受到重視。

回想起過去十餘年在勞動領域的經歷，我常想，若不是因為多年人壽及產物險經驗，我無從在企業有限資源下，協助勞資找出雙方的最大公約數，讓企業不需花更多錢，就能為勞工爭取合法且足夠的保障。

而壽險的成功經驗，又受惠於剛畢業時，那段在醫療體系的血汗經歷⋯⋯。

所以我常會跟年輕朋友分享，很多經歷或許在當下感覺不到它的價值，但凡走過必留下痕跡，只要你在過程中曾付出加倍的努力，日後得到的回收，必定會超出你所預期的。

🔑 一句話，開啟斜槓人生

1972 年，我出生於民風淳樸、富滿文化氣息的宜蘭城鎮。家中環境雖不富裕，生活上也不至於太過匱乏。由於是

家中老么，與哥哥、姊姊們年紀相差了近 10 歲，所以從小只有歡樂的記憶，並不覺得吃過什麼苦。

　　我本身雖然不是很愛念書，但因為總是被編排到競爭力較弱的班級，很容易就取得不錯的成績。還記得小學畢業典禮的那一天，我手中的獎品、獎狀多到快把我整個人淹沒了！此時在爸媽的心中，對我滿是驕傲與欣慰。

　　只是，從小常看到哥哥半夜挑燈夜戰，就為了想擠進大學那道窄門，讓我因此心生退卻，國中畢業後就選擇讀五專，放棄讀大學的念頭，只因為當時專科畢業後就能取得大專生的資格（其實是副學士），心想，未來若還想要再念書，專科畢業後只要工作個兩年就能以同等學力報考研究所，為什麼還要再多讀兩年的書，還要再多準備一次的考試，真是浪費我的時間！

　　這樣強烈的念頭與固執下，我不顧爸媽的勸說，遠赴臺北就學。殊不知當時這項決定，讓我在日後職場上錯失許多機會，也吃了不少悶虧。

　　專四那年暑假，我跟著同學一起參加衝刺補習班，準備

二技的考試，但因為自己三心二意的關係，在最後關頭又改為插大考試，最終因準備時間不夠充足，落得兩頭空，只好被迫選擇當兵這條路。

唯一感到幸運的是，我竟然分發到哥哥住處附近的桃園空軍消防隊服役，所以那時只要一放假，我就往哥哥家中跑。當時哥哥有著一份令人稱羨、穩定的中山科學研究院工作，但是他卻告訴我，他的同事在退休時，也只領了不到 200 萬元的退休金，這番話給了我一記當頭棒喝，讓我知道想要更好的生活，絕不能只靠一份工作。

所以我在後來的職業生涯中，始終維持「兩棲」，甚至「三棲」的狀態，也就是現在最流行的「斜槓青年」。

🔑 權益是留給知道的人

退伍後，我不像同學一樣留在臺北工作，而是回到宜蘭，進入一家醫院擔任放射師助理員的工作。

由於在那個年代，大學畢業的醫療科系學生少，所以在

前幾年，在我工作表現頗為積極下，我很快就在醫院內累積多種不同歷練，也十分獲得上級賞識。不到幾年光景，當越來越多本科系畢業生願意回到宜蘭時，我的晉升空間明顯受到影響，也讓我清楚意識到玻璃天花板的存在。

因此，當三十而立，我和老婆也迎接第一個孩子報到時，一個朋友來找我談保險的事業。

由於就學階段曾有兩個經驗，讓我對保險產生極深刻的印象，讓我積極思考這個可能性。

這兩個經驗，其一來自五專時班上同學的父親。同學父親因身為家中經濟支柱，當時除了勞工保險，也保了兩份商業保險，後來不幸罹癌，我的同學只好選擇休學當兵，當兵期間，幸好有這兩份保險理賠，才讓家中經濟免於遭受巨變。

另一個經驗則更切身，且痛徹心扉。由於決定到臺北時，姊姊是唯一支持我的人，同在臺北工作的她，也讓我和她住在一起，以便就近照顧，用行動表達她對我的支持，也讓爸媽放心。不幸的是，在我 20 歲那年，姊姊因輕忽小感冒延誤就醫，最後導致心臟併發症，奪走了她年輕寶貴的生命。

　　由於第一次生病住院期間，曾在朋友的推薦下購買了一份保險，卻因違反健康告知義務，事後保險公司拒絕理賠。當時父母雖然得知可以抗辯，卻又擔心姊姊該位朋友會被保險公司為難，選擇放棄提告，後來在一位資深保險從業人員的協助下，才在不影響該位朋友工作權的情況下，順利取得保險理賠金。

　　當時的經歷除了心力交瘁外，也讓我深刻體會到「權益是留給知道的人」這句話真正的含義！

🔑 三棲生活，磨練壽險專業

　　在認真思考後，我就此展開我的兩棲生活，開始利用下班時間兼職從事保險事業，也努力尋找各種資源與課程，好讓自己成為一個更專業的保險經紀人。

　　有鑑於醫院的工作，就是因為沒有放射員專業證照而遭遇瓶頸，讓我更加明白在保險事業裡，一定要取得更多證照，因此在短短不到一年裡，我陸續拿到了人壽保險、產物保險、

投資型保險及理財規畫人員等證照。

　　不過，隨著服務範圍越來越廣，我卻越發覺得自己所學不足，明明在口碑相傳下，得到許多朋友的轉介紹機會，卻總覺得自己所提供的服務並不是最完善的。

　　就在這時，之前推薦我從事保險事業的朋友，突然跑來挖角，邀請我加入保險經紀公司。

　　由於當時保險經紀的型態才剛引進臺灣不久，許多人還很陌生。但當我開始了解保險經紀公司的性質後，我終於了解自己前段期間沮喪的原因，也深知保險經紀是我未來應該選擇的領域。

　　還記得在和保經公司老闆第一次接觸時，他問我：「目前你所做的事情，都是向其他保險公司爭取保戶的權益，當你所屬的保險公司，拒絕受理你的保戶的理賠時，你能向你的公司抗辯爭取保戶的權益嗎？」這一番話，讓我當場愣住了。而後他的回答，也徹底說服我——「只有保險經紀人公司才可能辦得到，因為我們不是保險公司的員工，不受他們所管轄，所以我們敢爭取。」

值得一提的是，在我加入保經公司時，我的醫療助理工作和保險事業並沒有停止，而是當了一段時間的「三樓部隊」，等保經公司的業務穩定後，才慢慢放掉保險公司的工作，最後則辭去醫療機構的工作，全心衝刺保險經紀事業。

在進入保經公司後，由於能為客戶以最少的預算買到符合需要的產品，讓我像如魚得水般，十分樂在工作。而為了幫助更多人取得應有的理賠權利，我也開始臺北、宜蘭兩邊跑，以便學得更多知識，解決了更多不同的保險糾紛。

還記得有一年冬天，開車載著主管一起到臺北上勞工保險條例課程，在回程路上，我因為感冒的關係，一路上邊開邊狂吐，回到宜蘭時已經是半夜一點，之後還被朋友笑，第一次聽過有人自己開北宜會暈車的。

那時因為要北上進修，還要服務客戶，忙到半夜一、兩點是常有的事。期間也曾遇到棘手的問題，如一次幫一位朋友處理多年前的車險理賠，從一開始保險公司依事故發生已超過兩年而拒絕理賠，到事後幫他收集許多相關的事證，依法提出兩次的申請，從一開始的七級殘廢認定，再到三級殘

廢的汽機車強制保險給付下來,前後共花了 9 個月的時間。但我仍樂此不疲,只因覺得自己所學能讓人得到幫助,最好的職業莫過於此。

意外跨足勞動領域

開始接觸勞資關係顧問領域,也是因為保經公司。

由於當時到處上課,得以了解車險、產險等不同產品,也讓服務的客戶更加多元,其中不乏企業客戶,自然就因為公司團保產品,開始接觸勞動法。

2003 年時,正值政府修訂《勞工退休金條例》,保經公司的老闆有意找員工一起投資企業管理顧問公司,本來屬意由某位主管主持這項業務,最後公司卻將這個任務交給我。

原因很簡單,因為我在接觸勞動法之後,有如打開了人生另一扇窗,很長一段時間,不管在車上、背包裡,總會有一本勞工法規的書,讓我隨時閱讀,後來更親自錄製了有聲書,以便在開車往返宜蘭與臺北的路程中,也充分把握時間,

熟記法規。為了爭取更多學習的時間，我後來更盡可能搭火車到臺北上課。

除此之外，在保經公司老闆動念了解勞資領域市場時，該主管對於要長期奔波有些卻步，而我卻是已經習慣了這種奔波。因此，即使我並沒有極力爭取，後來仍在老闆的力薦下，接下了這個任務，開始將更多時間放在企業的勞資關係諮詢上。

2004 年 6 月，《勞工退休金條例》正式在立法院三讀通過，並經總統公布在一年後實施，在這段期間，企業管理顧問公司如雨後春筍般的湧現，也因為我們公司成立並布局得早，讓我們占盡先機，得到許多輔導與授課的機會。

🔑 學歷情結，讓人生急轉彎

直到這階段，我的職涯之路可謂一路走上坡，我常想，如果我當時沒有選擇攻讀勞工研究所，我或許真會在這個內部創業的公司裡待上一輩子。

　　但因某次拜訪客戶時的一句話，讓我決定面對長久以來，心裡最深沉的情結，讓生涯就此轉彎。

　　還記得那是一次工會的演講結束後，一家上市公司的上課學員打電話來，邀請我到他們臺北的總公司洽談輔導業務。當時我獨自一人前往他們公司，並在會議室向三位高階主管（包含總經理、副總經理和財務長）作簡報，在解說完相關法規及說明輔導規畫內容之後，原本已要簽約合作，最後卻因總經理的一句話而作罷。

　　至今我永遠記得總經理問我的那段話，他說：「請問顧問師，您是哪所學校的法律系畢業生？」我當場很尷尬的回答他，我是讀化工的，只是專科畢業而已。接著他就告訴我說：「喔！沒關係，我們也是做化學材料的，歡迎你有機會來到本公司服務。」

　　這個回答，讓我想起以前在醫療機構服務時的不公平對待往事，空有一身的好本領，沒有專業證照及學歷的加持，仍無法受到重用與賞識。過去在部隊當兵的時候，帶隊的主官也常感嘆，只因自己不是科班出生的，升遷總是不如人。

這些不堪回首的往事，讓我下定決心，必須重新回到學校，取得更扎實的知識為根基，為自己的專業加分。

2006 年，是我人生滿具戲劇化的一年，先是兒子的報到，打亂了我原先規畫的行程與計畫，但我仍在一手嬰兒、一手勞動法的情況下，考取許多的 C 級證照（由民間機構所舉辦的證照考試）及 B 級證照（由政府所舉辦的非國家級證照考試，如行政院勞工委員會勞工安全衛生管理乙級技術士證照）。

記得有一次考場地點剛好在妻子娘家附近，所以便帶著妻子與小孩回娘家探望岳父、岳母，之後便自行離去，一直到我回來接她們回家，她們都還不知道我是出去考試。

這一年，我也以專科畢業的同等學歷資格，通過了國立中正大學勞工研究所碩士班的資格審查、筆試及面試，順利就讀，隨後便展開了我一邊工作、一邊讀書、一邊帶小孩的三樓生活。

回想起開始重回學校的校園生活，幾乎是狀況不斷，不是沿途拜訪客戶導致上課遲到，不然就是不斷與客戶聯繫討

論工作事宜，而延誤進教室時間，種種狀況使得我的事業一步步走向另一個危機。

雖然獲得宜蘭縣政府頒發「勞資爭議調解調解績優人員」的殊榮與肯定，但勞退6％的熱潮，來得快去得也快，再加上自己工作、學業、家庭多頭燒的關係，總有種心有餘力不足的感受，這樣的窘境，管顧公司的營運開始出現了赤字，最終迫不得已在年底與股東（保險經紀人公司的老闆）分道揚鑣。

當時，我選擇對企業客戶承諾負責，獨自背下這筆債務，以個人工作室的方式經營，從頭來過。

理論驗證實務，打通任督二脈

解除前一項合作關係後，讓我如釋重負。因為雖然多了一筆債務，但過去的經歷讓我深信，只要有專業在身，只要願意努力，賺錢並不是一件難事。

我很清楚，當下最需要做的是空出時間，專注在學業上。

後來在中正學術殿堂裡，我不僅結識了很多良師益友，也透過理論驗證過去的經驗，並在教授的指導下，將以往似是而非的推論及錯綜複雜的法律觀念逐一釐清。

尤其，第一次接觸到了「集體勞動法」，像是打通了我的任督二脈般，讓我對於勞資事務處理，不再僅僅侷限於個別勞動法的領域，將我對勞動法的認識提升到另一個層次。

由於老師對於每一論點的描述都要求清楚查證，並多方探討，養成我勤於閱讀的習慣，這些訓練都讓我的視野不斷拓展，並以點、線到面的形式，將過去的實務經驗加以串連。

更重要的是，越深入了解勞動法，接觸更多國際觀點後，就讓我更難回到保險經紀的領域，套句暢銷電視劇主角所說的，就是「回不去了」。

如何在勞資關係間找到平衡點，成為我的終極使命與目標。

🔑 連結產官學，建立溝通平臺

所以，從 2003 年底開始跨足勞資關係顧問領域後，我不僅協助上百家企業建立更良善的管理制度，以便有效降低可能發生之勞資爭議，從 2006 年很榮幸獲得宜蘭縣政府頒發勞資爭議調解績效卓著獎勵後，更經常接獲工商團體、企業界、工商協會及學校邀約宣導或講授勞動權益。

2010 年在陰錯陽差下，我從協助籌組宜蘭縣推銷員職業工會，成為首屆理事長，協助政府推行勞工政令，並增進勞工知能。隔年，更陸續接獲宜蘭縣幼兒教育事業學會、宜蘭縣工業會及新北市長期照顧發展協會的邀約，擔任其勞動法諮詢顧問、勞資關係顧問及企業管理顧問，協助處理勞資問題及改善勞雇關係。

有了前面的經驗後，我也從 2015 年開始擔任勞動部人才發展管理系統（Talent Quality-management System，TTQS）評核委員，協助政府倡導事業機構投資所屬員工人力資本，推動訓練品質持續改善機制，以提升人力培訓體系

運作效能，強化國際競爭力。

於此同時，我亦積極參與各種社會活動，曾任中華經典學會志工老師，陪伴幼童朗讀四書五經，接任過宜蘭縣跨業交流會祕書長及副會長，協助推動縣內及跨縣市的中小企業交流，至今仍是宜蘭縣推銷員職業工會第二屆理事長，並在社團法人宜蘭縣勞工志願服務協會擔任勞資爭議獨任調解人，協助縣內勞資爭議事件之調處，貢獻個人的職業專長。

近三年，更因受邀至警察廣播電臺宜蘭分臺「老師幫幫忙」節目擔任義務講師，更讓我接觸到更多勞動大眾，知道他們的心聲。

近年來因大環境不佳，除了僱用型態產生許多變化，許多勞資關係問題，如性別歧視、工時責任制及一例一休等，因媒體報導時多半沒有深入討論，或無法以淺顯的方式教育大眾，勞資雙方不見得是要對立的，如何在勞動保護和產業前景、產業彈性間找到平衡，其實有著許多解方，甚至，同樣產業裡的不同企業，解法也各自不同。

如何建立一個好的交流平臺，是我參加這些公部門及民

間協會時，最重要的目標。

從一個抑鬱不得志的醫療從業人員，靠著壽險的專業，成為年薪幾百萬元的超級業務員，卻又在人生的黃金時期，為了克服心中對學歷的情結，意外轉向勞資關係顧問的領域，一去再難回頭，縱使衣帶漸寬，也不曾後悔。

還記得我剛開始接觸勞動法令課程時，既非法律專業，也非公司人事部門主管，在剛開始的前幾個月裡，幾乎聽不懂上課老師所講的內容，那是一段非常艱辛難熬的歷程，尤其每次上課都是動輒一個多小時的車程，有好幾次也曾萌生放棄的念頭，但最終，我仍然堅持每週北上學習，組讀書會，透過不斷的進修來尋找答案。

聰明的人看別人做什麼，有智慧的人看別人怎麼做，而成功者則把對的事情堅持做下去。

如果你像我一樣幸運，已找到人生中最愛的工作與使命，別忘了，透過學習，透過請教，把事情做對，並且把對的事持續做下去，終有一天，你也可以善用你的專業，照亮別人的生命。

臺灣富有集團專案經理 李國豪

輸在起跑點，是上天的禮物

人，才是最重要的資產。
即使散盡千金，甚至負債，
只要有好的團隊，就能捲土重來！

出生於廣西、7 歲移居香港、13 歲移民臺灣，
在二專學歷下進入半導體設備大廠從零做起，在
持續進修下，一路取得碩士學位及上海交通大學
SMBA 學位，並陸續在台積電、電路板大廠蘇州
廠擔任要職，現為臺灣富有集團專案經理，本身
並涉獵餐飲、長照、投資等多項領域。
家人是鴻海集團中階幹部，為回饋社會，家族認
養大陸兩所療養院。

LINE

Wechat

經歷：

- 浸淫半導體、電路板領域近 10 年，從技術部門至管理階層，曾創下空降管理工廠一年後，年營業額成長 88%、淨利潤成長 17.7%的成績，為當年度集團成長率第二名；
- 透過進修接觸外匯、東南亞商務不動產投資，連創 18-28%的淨利率；
- 近年積極投入服務業，期望透過餐飲與長照，提供更多機會給年輕世代。

經歷：

- 1982.7 全家移民香港
- 1988.7 全家移民臺灣
- 1995.4 服兵役體能測驗 5000 公尺第三名
- 2009.1 駱泰集團兩岸事業成長率第二名
- 2009.9 上海交通大學 SMBA18 期結業評優等
- 2011.5 家族認養大陸地區兩所療養院
- 2015.6 節電產品研發測試完成

　　贏在起跑點，是許多父母期望帶給孩子的最佳禮物。

　　但對於一個成年前就在大陸、香港、臺北不斷遷移，每次都要重頭歸零的人來說，贏在起跑點既然已經不可能，使盡吃奶的力氣追趕，向眾人證明自己的心態，就內化成了基因。

　　事後回想，正因為這種不服輸的精神，讓我在求學期間雖然表現不算優異，但進入職場後，反而一直沒有放掉學習的習慣。

　　也因為習慣於歸零，讓我能斷然辭掉台積電的工作，在親友的擔憂與反對下，隻身前往大陸發展，並在不惑之年前，再次任性放掉看似穩定的職涯選擇，投入全新領域重新開始。

　　在動筆寫下這篇文章前，我正為跨入新領域付出一筆高達千萬元的代價，但基於過去每次人生轉彎所看見的風景，我知道，這就像是過去在職期間邊攻讀碩士、SMBA 所支付的學費而已，只是這次學費是付給了現實社會這所大學，也更刻骨銘心。

在這個變動日益快速的時代，是否贏在起跑點，變得一點也不重要，重要的是你是否具有足夠的韌性，在加倍的努力與學習下，堅持跑到終點。

大時代下，流浪的童年生活

我是俗稱的「外省第二代」，由於祖父是國民軍浙江舟山軍團某獨立團團長，1949 年跟著舟山軍團司令轉退移至臺灣，但因大環境無法掌控，祖父母只能帶著大女兒及小兒子到臺灣，把我的父親留在廣西，由表親扶養長大。

祖父赴臺時，父親只有 6 歲，由於寄人籬下加上環境不好，讀完國一後就開始工作賺錢，也幫忙照顧表親的三個小孩。1966 年文化大革命時，因身為軍人子弟的身分可能會招來生命危險，不得已只好東躲西藏、四處打零工過日子。

父親的困難及辛酸不是我們這一代能體會的，尤其在與母親結婚後，經濟狀況不好加上身分敏感，父母決定只生一個小孩，我成了獨生子。在我 3 歲那年，父親透過親友好不

容易找到在臺灣的祖父母，於是依循當時的法規，提出移民到臺灣的申請。

只是當時移民並不那麼容易，1982 年時父母先帶著我到香港定居，所以我的小學教育是在當時身為英國殖民地的香港完成的，學習的英文拼音及中文注音都跟臺灣不同，那時因生活環境已比大陸好很多，我的童年生活還算是快樂的，也結交了許多好友，甚至有了第一次的純純初戀。只是，我沒想到彼此的緣分竟是那麼短。

1988 年臺灣解嚴後，父母帶著我移居到臺北，或許是在申請移民的繁複手續與搬遷的忙亂中，忘了通知歡天喜地要到臺灣的我，這次到臺灣就是定居了，讓我完全沒想到要留下好同學與初戀女友的聯絡方式，讓我剛到臺灣期間，著實沮喪了好一陣子。

幸好在移居臺北後，我不但有了祖父母、姑姑、叔叔，和眾多表哥表姊、堂哥堂姊們，當時已升國中的我，也有了更多玩伴，每到寒暑假時，這些兄姊們就會帶著我這個小跟班到很多地方玩。

　　不過在寒暑假外，我的日子卻不好過，由於中文注音與英文拼音等於要從頭學起，這讓我的學習成績並不算好，國中畢業後，即決定考取專科學校，進入高職就讀。

　　幸好，在進入高職後心已比較穩定了，也熟悉了這塊新的土地，我除了勤於參加交通服務隊，並在資訊科辦公室協助老師處理相關事務，連寒暑假也不例外，對服務大眾變得熱衷。

　　而在學業上，由於眼見堂哥從建國中學考上交通大學，也開始想衝刺學業，因此從高三起就在堂哥的協助下，開始抓到念書的興趣與訣竅。

　　只可惜，高三兩次模擬考成績都可以考上國立技術學院的我，卻因聯考第二天的一個失誤，導致該科後半的答案全部填錯題號，這個挫敗的陰影，更影響到後面科目的考試，以致於最後只考上私立學院。

　　在和父母商量下，我決定先入伍當兵去，服完兩年兵役再繼續升學。

🔑 同儕壓力，逼迫自己不斷前進

臺灣人常說，當兵等於是男孩子的「成年禮」。抽到陸軍步兵的我，在經過兩年狠狠的磨練下，不僅鍛鍊了體能，團隊生活中所培養出來的溝通力與毅力，都讓我在未來的職業生涯受益匪淺。

退伍後，我開始思索自己的未來。由於高職時曾在資訊科辦公室接觸許多相關知識，加上退伍後發現科技產業已是潮流所趨，所以下定決心苦讀，終於在一年後考進國立聯合技術學院電子科二專部，並在畢業後順利進入半導體設備商，服務的企業皆是台積電、華邦電等大廠。

沒想到，這條路還真的走對了。至此，我在工作上投入120％的努力，工作一年後，主管更鼓勵我繼續進修，開啟了我邊上班邊在臺北科技大學碩士班念書的生活，研究所期間甚至得以在清華大學進修半導體設備特訓班課程。

拿到碩士學位後，因為專業上的提升，加上得以全力投入在工作上，休假的時間屈指可數。

　　所以很幸運的，我從台積電駐廠技術人員，在 2006 年成為台積電的正式員工。對於這件事最開心的，莫過於母親了，而可以讓母親為我感到驕傲，也讓我更加努力。

　　不過，此時我的心裡其實已悄悄埋下創業的種子。

　　由於在竹科內，平時都窩在機房內，但每到大節日聚餐或尾牙時，老闆和高階主管們手筆之大，總會讓我思考，如果我繼續待在這個大傘下，終其一生有可能達到像這些高階主管的成就嗎？

　　另一方面，由於在大家族中，同輩兄弟姊妹的成就總會被比較，和眾多優秀表兄、堂兄相比，我雖然因為進入台積電，替母親挽回一點顏面（其實可能只是自己多心了），但在我心裡，我始終期許自己不該滿足於現狀。

🔑 大陸經驗，感受大陸硬實力

就在這樣的心態下，經由一位大學學長的引薦，一個電路板大廠蘇州新廠的工作機會也找上門。考量到這份工作可以讓我從頭參與一個新廠的建立，除了原本的專業技術外，可以有更全面的歷練，大陸經驗對於未來也會有所加分。

所以我毅然決然辭去台積電副工程師的工作，前往電路板大廠的蘇州新廠報到。還記得 2007 年抵達蘇州時，正好碰上蘇州 30 年以來的最低溫，那年冬天足足感冒了 3 個月，也更佩服可以長年在大陸打拚的臺商。

但在這個公司裡，我從挖地基到建廠完成，乃至生產試運作，從無到有參與了一個新廠的建置，過程自然不乏挑戰，但學到的成果卻是加倍的。

就在原本外派的三年期未滿前，另一分選擇來到我眼前，一個臺資昆山廠的高級幹部出缺，我有了新的挑戰。因為這份工作需要管理生產、行政及業務單位，對於才 30 幾歲的我來說，可說是千載難逢的機會。

　　而事後證明，雖然身為空降部隊，我不但大幅改善了生產設備及流程，對於不熟悉的業務部門，也能以同理心的方式，有效調停業務部門與生產端的誤會，讓業務可以全心衝刺，也順利回收好幾筆拖欠已久的欠款。

　　一年後，公司年營業額成長達 88 ％、淨利潤成長 17.7 ％，在集團當年的業績中排名第二，算是交出了一張漂亮的成績單。

　　值得一提的是，這段期間的成長，有賴於我在 2008 年考取了上海交通大學 SMBA 的進修。

　　一來，上海交大教師群的專業程度相當高，授課內容在實務場合應用都得到很好的效果，二來，全班五十餘位同學多來自大陸中小企業主或高管，大陸企業家的拚搏精神與實力，也成為我最大的推動力。

　　此外，在大陸工作期間，2008 年的北京奧運及 2010 年的上海世博會，也讓我對大陸從政府到民營企業的落實能力，留下深刻印象。這些觀察，也讓我在回臺後，很快就決定積極轉型，朝創業之路做準備。

🔑 不務正業，催生多角化事業種子

決定回臺灣，除了因父母逐漸年邁，擔心他們無人關照，另一方面，也是因為某次休假回臺時，認識了價值觀與個性都很適合的女友，有了成家的打算。於是我在 2011 年回臺，並在隔年結婚。

回臺得以陪在父母身邊，加上成立自己的家庭後，固然讓身心都更安穩。但在工作上，我卻驚訝的發現，短短四年多，我眼中熟悉的臺灣，卻變得如此陌生。

對比於不斷蓬勃發展的大陸企業，臺灣以出口導向的高科技製造業，卻面臨淨利下滑、研發資源緊縮的狀況，加上人事成本不斷上升，導致許多大型集團紛紛在生產線導入自動化流程。

在太太的支持下，我開始了「不務正業」的生活。

由於在大陸工作時累積的資源，加上上海交通大學就讀SMBA 期間結識的人脈，我在大陸期間就開始以幫忙、兼職的形式，協助友人的企業做稀土運用於 LCD 的研發工作，

回臺後也繼續擔任臺灣富有集團節能省電專案的業務推廣工作，基於之前在科學園區的經歷，讓這份工作做得還算有聲有色。

所以剛回臺灣的兩年內，我一邊臺灣、廈門兩邊跑，協助讓親友的餐廳經營上軌道，也一邊協助省電節能的推廣工作，更同時在臺中透過進修推廣部開始學習外匯投資課程。

由於沒有了朝九晚五的束縛，雖然忙的事情變多了，但因時間能任自己彈性調配，又能花更多時間學習過去沒空涉獵的知識，讓我只覺得更充實，絲毫不以為苦。

🔑 投資大起大落，卻認清真正的價值

就這樣，在左腳還跨在高科技製造業，提供節能省電方案時，當親友於廈門的餐廳上軌道後，我右腳馬上一腳踩進外匯操作領域，且在第一年就獲得淨利 18％的利潤。

在外匯操作首戰奏捷後，我和夥伴們決定轉戰柬埔寨的首都「金邊」，進行商務不動產的投資。由於合作公司在當

地已深耕 7 年，加上那段期間也深入當地考察市場，所以在一年後，這項投資也帶來了更大的回報，光我個人部分，在扣掉對弱勢團體的捐款後，淨利仍達 26％。

一連串的順風，不但讓我信心大增，甚至後悔自己當初選錯科系，並心想，如果當初念商科，現在或許早已可以退休。

就在這種氣勢下，我們繼續將投資領域跨足到越南與中國邊界。由於此一投資案屬政府 BOT 案，在有政策強力奧援下，一年後獲利了結時淨利竟高達 28％。

這三年間，由幾位好友組成的公司，不僅培養了極佳的默契，也吸引了周遭更多親友投入資金。我們信心滿滿，很快又相中新的投資標的——澳洲的外匯保證金案。

照理說，在公司成員前有成功的外匯操作案例，加上澳洲金融制度與環境可謂十分成熟下，這筆生意看來十拿九穩。

但壞就壞在，前面的成功案例讓我們的企圖心更大，在急於擴充業務下，我們接手另一家公司有問題的案子，在未

針對空降的業務主管做有效防弊機制下，使得投資人的資金去向與利息分配遭到質疑，最後有客戶到澳洲金融主管機關檢舉，這一檢舉，使得澳洲分公司的資金全數凍結，只能進，不許出。

這項投資案，讓六個大股東共套住 8,000 萬元資金，其中不乏周遭好友的捧注。

屋漏偏逢連夜雨，由於其中兩位投資者的年紀較大，在此打擊下，一位因重病倒下，另一位由於幾乎將退休老本全數投入，因此我在和最大股東商量後，決定以私人名義，各自透過房屋二胎貸款和保單借款的方式，每月退還部分資金給兩位年長的投資者。

雖然在合作之初，一開始即言明有其風險，在法律和實務上，我和大股東原本不必如此。

但我們很清楚，「人」才是最重要的，是唯一不能損失的資產。就算所有的錢都賠掉了，就算負債千萬，只要還有好的團隊、良好的信譽，就有機會賺回來。

🔑 著眼臺灣，為年輕世代打造平臺

所謂「山不轉人轉」，雖然海外投資的失利損失慘重，為實現對投資者的道義承諾，也讓自己背上債務。但正是這樣的低谷，反而讓我開始盤點自己，這一路走來，我到底擁有了哪些能力？！

這段期間，老婆不但身兼我的智囊、財務大臣，也是我每次被熱情沖昏頭時最重要的反對者，在和她的激盪下，讓我發現自己累積的能力與資源其實不少——高科技製造業的完整歷練與人脈、餐飲管理的經歷、海外投資所累積的多元思考與國際觀。

因此，在一邊繼續推動節能省電方案下，我開始將投資的重點放在臺灣。

因為在海外繞過一圈後，我發現我雖出生於大陸，大陸前景雖好，卻沒有新故鄉「臺灣」來得宜居、來得舒服，也體認到任何投資，當你徒有本錢、本事，一旦「本人」不在當地市場，風險是極高的。

　　所以，我開始將投資的觸角延伸向服務業。從加盟連鎖餐廳，邊學習品牌經營精神，一邊將更多心力投入在人員的培訓上，另一方面則從太太的護理專業上，延伸出「六星級」照護機構的經營理念。

　　幸運的是，在澳洲投資失利的一年後，雖然債務的黑洞仍未填滿，但在新事業上，卻已大有斬獲。

　　連鎖餐廳在半年多後步入軌道，過程中成功培養出許多年輕幹部的經驗，也讓我們看見臺灣年輕世代的創意與活力。

　　就如當初的我一樣，他們並不是沒有抱負，只是沒有好的舞臺，所以許多人選擇了出走，就像當初的我一樣。但因為各種因素無法出走的，等待的不過就是一個證明自己的機會。

🔑 市場小，反而是臺灣的優勢

在和另一半激盪多年下，結合養生與照護的照顧機構，就是我們的突破口。

畢竟，臺灣市場雖小，但在臺灣從高齡社會邁向超高齡社會的「超英趕美」下（臺灣 65 歲以上人口從 14％達到 20％的時間為 8 年、美國 14 年、英國 51 年，即便是老化嚴重的日本，也比臺灣多了 3 年，為 11 年），由此可知，政府會大喊長照產業將是下一個「兆元產業」，並非空穴來風。

而就以往眾多產業的經驗，臺灣的優勢就在於市場小，當投入者從摸索中找到最佳商業模式時，便可快速移植、複製到其他區域。

因此，在太太分享自己四年多來在長照機構工作的經驗後，我們逐步就人員職責與分工、管理制度、專業技術執行監管等問題反覆討論，並透過友人的介紹，接觸天然水療等服務，讓心目中對長照機構的藍圖日益清楚。

更幸運的是，轉了一大圈，現有的事業不但終於能和另

一半真正共同攜手經營，過程中透過無數的檢驗，更讓我們確定這是一分對人們有益的事業。

　　回顧這一路以來的歷程，我或許不算是「人生勝利組」，但就因這過程的起起伏伏，讓我接觸到更多人事物，也能幸運的在不惑之年，就找到人生最重要的價值所在──施比受有福。並體會到，能讓自己持續學習的事業，才是最幸福的事業！期望透過打造餐飲與高端長照事業，提供更多元機會給努力的年輕世代。

tGi 光能溫敷儀業務總監 蕭大樂 Dale

斜槓，不是向現實傾斜，
而是兼顧事業與志業

一個人走得快，一群人走得遠！

中原大學物理學系、交通大學工業工程與管理碩士，擁有六標準差綠帶認證、國際專案管理學會專業人員 PMP 等證照，曾任職博盟科技、金士頓科技、華聯生物科技、漢磊科技等科技產業，歷任董事長特助、協理、全球品保／品管、技術開發及製程工程等工作，現任 tGi 光能溫敷儀業務總監、喝好水喝對水團隊淨水專家、純萃生活 (J6 Coffee) 品質暨企業永續發展首席教練、樂活密碼 GoodLife17 創辦人、台灣五育並進教育協會執行長。

Dale's FB

GoodLife17

榮譽：

- 核生化防護競賽帶隊幹部連續兩年獲軍團第二名
- 華聯生物科技 5S 暨工業安全競賽，領導部門贏得全公司冠軍
- QCC 和精實六標準差在改善活動方法上之整合與活用獲收錄於「東亞論壇」
- 舉辦金士頓科技供應商訓練大會，邀集績優廠商分享環境永續經營的經驗

謹以下面的文章，獻給母親賴美瑢女士，如果有一天我能對社會、人群有一點貢獻，應歸功於母親對我的身教言教、家人的支持，而沒做好的地方，我應負完全的責任。

　　斜槓青年正夯，同時擁有多項專長，不需要被綁在一個固定職場，似乎成為這個變動越來越快速的社會中，一種明智的選擇。

　　而翻開自己目前的日誌，從公益路跑活動的志工、公益團體的幹部、企業的品管顧問，加上目前經營的淨水器事業，以及光能溫敷儀業務，似乎自己也趕上了這股「斜槓風潮」。

　　回顧過去二十多年的職涯，大半時間是人們所謂的「科技新貴」，歷年來許多科技大廠的歷練，在眾多優秀主管的巨大身影與領導下，從沒想過有一天，會跳出這個圈子。

　　直到 12 年前，經歷那個為期不久卻永生難忘的人生低谷。

🔑 從宅工程師，到宅配送貨員

　　由於具備半導體廠的工作經驗又是國立大學研究所的學歷，在 35 歲前幾乎是一路順風，從漢磊科技製程及品保工程師、華聯生物科技品保暨技術開發副課長，不僅曾在

1996、1997 連兩年領導參加核生化防護競賽，兩度獲得全軍團第二名（第一名為專業的軍團化學連），2006 年在華聯生物科所領導的部門，更獲得年度 5S 暨工業安全競賽冠軍。也經常利用工作之餘進修持續學習，具備考取六標準差綠帶認證及國際專案管理學會專業人員 PMP 等許多的專業證照。

簡而言之，35 歲前的我，就是人們所謂宅到不能再宅的工程師，也以身為工程人員而感到自豪。

但危機總是在你意想不到的時候出現。當年在生物科技的工作，繼幾個重要主管先後離開之後，一方面自我感覺接觸的面向已經更寬廣，而選擇尋求新的發展機會。

當然，也為了對得起現有的公司，我並未騎驢找馬，而是先辭掉工作，以便能專心找工作。

那一年，正值我和女友決定步入禮堂之際，所謂「成家立業」，更光輝的前程似乎在眼前跟我招手。

但沒想到，找工作竟然沒有想像中那麼容易。

在不停丟履歷、卻等不到面試的機會，在反覆同樣流程的期間，我心想，既然要扛起一個家，一直閒置不工作也不

是辦法。因此，在看到黑貓宅急便農曆年前需增加送貨打工人力的招募廣告後，我不假思索的就去報名。

由於擔心面試的站長會認為高學歷的人吃不了苦，不願意錄用，我在求職時只填了次高的大學學歷，工作經驗欄也沒敢提到曾有主管的資歷。

既然英雄都不怕出身低了，一時半刻當個送貨員又如何。

我心想，反正只要小心一點，不要遇到親友、老同事，並讓未來老婆大人代為保密就好。

但就像墨菲定律（Murphy's Law）說：「如果你擔心某種情況發生，那麼它就更有可能發生。」

在這短短幾個月間，我不但被親友抓包，在爸媽面前露餡，沒想到連老婆大人的娘家也沒瞞住，只能說黑貓宅急便的服務範圍太廣，我也太「幸運」，總之，我最後沒能瞞住任何人，包含房東太太。

還記得當時房東老太太看我一早出發去送貨，就像是自己孩子一樣不捨，但也真情流露地誇我說：「年輕人能不怕

苦，就會出頭天的。」

　　還有一回，當我送貨到新竹交大博愛校區對面的公司，一進門就遇到當時已擔任業務部最高主管的同學，我事先並不知道這是同學任職的公司，完全沒有心理準備，還好同學很留面子給我，看見我有些不自在，不但沒有追問下去，事後在同學會的場合也都絕口不提（其實我當時並沒有請他幫我保密），這位同學後來在不到 40 歲的年紀就升任公司總經理，也讓我見識到有能力者處事上不會讓人難堪的教養。

　　由於當時的黑貓還在初期拓展階段，司機除了送包裹外，還得身兼業務員，找機會開發託運業務的新據點。目前全臺各地名產小吃，大多能透過電話購物、網路購物的服務，為廣大的消費者服務，應該歸功於曾經跑遍全臺各角落的大小黑貓們。

　　直到十多年後的現在，我都很珍惜懷念在宅急便當助手送貨的這個短暫但美好的經驗。可能是有體驗過，較能有同理心，每次路上看到宅急便的貨車在路邊停車，都會耐心禮讓或是減速經過。

「在人生學習歷程中，我們要學習過關的技能、過關的態度、過關的智慧；更要學會不時把自己倒空、歸零。」能把挫折、失敗的障礙當作是生命路上的小石頭、大石頭，那麼眼前的障礙都將是未來成功的踏腳石，每次的超越，對於以後人生的耐挫力、同理心和能力的養成都會很有幫助。交大校長張懋中在《同行致遠》一書提到：「不要將挑戰視為壞事，沒有挑戰就很難有真正的創新和創意。」

大概是不怕苦，通過上天給我人生功課的考驗，年後投履歷，讓我順利應徵上了全球記憶體模組品牌龍頭大廠金士頓科技，開啟下一個黃金十年的工作。

🔑 黃金十年，體會團隊力量大

美商金士頓科技是全球最大的記憶體模組生產商及供應商，2017 年全球市場市占率超過 60％，公司營收已接近百億美元。共同創辦人杜紀川（John Tu）與孫大衛（David Sun）年輕時愛打籃球，兩人在籃球場結識，促成合夥創業

的機緣，1987 年兩人草創金士頓時，當年工廠就在租來的車庫。

1996 年，日本軟體銀行（SoftBank）以 15 億美元買下金士頓 80％股權，兩位創辦人決定讓員工有福同享，慷慨拿出 1 億美元作為員工的分紅獎金，金士頓老闆大方與員工分享的美名享譽全球。

15 億美元的購併中，有 3.3 億美元（約臺幣 100 億元）尾款，原定軟體銀行會在購併六個月後支付，但 1997 年 DRAM 景氣步入衰退，日本軟銀表達了希望展期或者尋求其他適當的付款方式，孫大衛告訴杜紀川：「超過 10 億美元的交易條件已經很棒了，而錢，不會讓我們更成功或是更快樂，我決定把 3.3 億美元一筆勾消。」

杜紀川聽了之後，不質疑合夥人為何放棄百億臺幣，當場表示：「只要是你的決定，就是我的決定。」杜紀川說：「一個人做決策很孤寂，如果有一個合夥人可以一起商量、一起做決定，這樣的關係真的是很棒。」

1999 年，軟體銀行已經在網路創投市場鋒芒畢露，不再

需要一家硬體公司支撐業績。雙方達成協議，股權再度易手，軟體銀行將金士頓股份以 4.5 億美元全數賣回給兩人。杜紀川與孫大衛當年的一念，軟銀孫正義是感念在心的，因為不貪，他們更富有。

　　兩人在美國加州芳泉谷（Fountain Valley）總部的辦公桌緊鄰而坐，沒有個人專屬的辦公室，大小就跟員工一樣，公司賺的錢會先留下要給員工的分紅獎金，美國財富雜誌連續五年評定金士頓為美國一百家最好工作環境的公司。

　　金士頓科技的成功，除了創辦人特有的領導魅力及精準眼光外，重視產業供應鏈夥伴關係，創新互利（讓利）的商業模式、超高的員工忠誠度（充分授權跟照顧員工有福同享），是在成功企業都看得到的公司文化，此外，企業能夠在景氣谷底時順應時勢，看準機會，做好準備，等待景氣回溫的時候，充分發揮成長的力道，也是企業能夠持續成長、不斷加大跟競爭者差距的原因。

　　而我有幸的，能於這十年間，在金士頓科技跟團隊一起學習、成長、發揮一己之力，這裡的員工都像是老闆的鐵粉，

在這裡工作可以看到哈佛商業評論所沒有收錄的成功模式，老闆樂於跟員工分享，工作充分授權，在這十年間，見證了一流企業持續成長的過程，全球市占率從當時的 19％，如今已超過 60％。

在金士頓十年間，充滿著許多寶貴的經驗。還記得有一回，在已安排好的家族出國旅遊前夕，因讀卡機新產品發表前夕低良率的問題，臨時需飛到大陸的生產現場找出問題、解決問題，讓新產品能如期推出。

主管表示，這個問題需要即時解決，而當時的情形，我會是較適當的人選。跟家人商量後，隔天就飛到了工廠，跟工廠的工程師一起用特性要因圖分析流程中可能的問題點，到現場找出製程中溫度不對的問題點並解決問題，同時檢視流程中其他可能的風險，補強 QC 工程圖在製程管制上的不足，讓製程在調整後，重新生產批在一周內順利出貨上市，讓大家都鬆了一口氣。

原本很棘手的良率問題，如果沒有家人的支持、主管的授權和合作廠商積極的合作態度，是不可能這麼快順利解決

的。

　　期間，在一個廠商輔導案件中，不僅協助傳產供應商成功在四週內提升良率 20％，將高人氣新產品隨身碟的金屬壓鑄件良率，從不到 60％提升到 80％以上，因為需求強勁，當時目標設定是很明確的。

　　在以提問式問句的方法，讓各分段協力廠商都能針對問題找出解決方案，營造出提升良率的信心，讓廠商相信自己一定能做得到，加上同時在持續檢討中同時給定更清楚合理的標準，對於即時出貨，減少不良成本的改善達到了相當有感的效果。

　　此舉也讓廠商感受到我們是來幫忙的，不但願意配合，有一次還特別調整了原定要休假的時間，全體加班，因著良率的明顯改善而開始賺錢，進而信賴我們所提出持續改善的方法是可以幫大忙的。

　　金士頓計畫把全球生產重心之一放在臺灣時，在臺灣南北各找了一個大型的 SMT 外包廠，當時因擔當外包管理的品質窗口，經常偕同資訊、製造、測試等部門同仁，一起到

現場做技術轉移和品質系統的建置，因跨部門間同步一起作業，遇到問題大家一起商量，同行致遠，同仁們做得又快又好，連續兩個月先後完成了臺灣南北兩個大型外包廠的設置跟系統的整合。

　　還有一次 S 供應商打算將原本在東莞的代工廠集中到深圳的 EMS 龍頭大廠，S 供應商在這個深圳廠區有 60 位員工駐廠，當天 S 供應商的業務、專案管理和大中華區製造主管，分別從不同國家、地區飛到深圳陪同跨廠，因時間有限，我們在上海廠的四大金剛，包括了品保、工程等四位主管主動表示可以飛深圳支援跨廠，給了我非常大的幫助，當天的稽核無論在深度、廣度上，都得以全面、專業、恰當，這次的稽核雖沒能讓這個代工大廠一次過關，但理由明確，要求合理，也讓 S 供應商對金士頓團隊的專業能力和務實態度印象深刻。

　　連續兩個外包廠一南一北接連設立，拜高鐵的便利性，可以很方便地南來北往到外包廠現場看產品、看系統、看問題，回到新竹後可能會有可靠度實驗需要執行或安排，有一

次回來得晚，眼看在外部實驗室下班前要來不及送件了，還好對方的工程師願意等我們，給了很大的幫忙。

後來手上的工作持續多了起來，都要兼顧實在有其困難，主管看到我的困難，立馬就將部分工作逐步交給其他的同事負責，老實說，因為自己向來有點完美主義，一開始還不太放心，但發現團隊其實一直是在成長的，也才體會到工作能有好的分工，要比少數人扛著來做，結果要好很多。小成功靠個人，大成功靠團隊。

不過，我就跟大部分園區裡的人一樣，全心都放在機器與產線是否健全，反而沒有注意到自己的健康。一次因為健康因素請了一個月的長假，幸好有同事的幫忙，才讓我能好好養病，也不影響工作運作，尤其是同鄉的曾志民，承擔了我手上大部分的工作。

或許是因為醫師診斷證明寫著：「壓力大需要休息。」主管耐心地以自身經歷，要我利用這個時間好好休息、運動之外，並鼓勵我去看身心科醫生。

雖然檢查後發現頭好壯壯，只是身體需要休息，也意外

發現了許多到身心科求助的患者中，有不少人並不是為了要處理精神疾病或心理困擾，反而是種種找不出原因的身體毛病，例如頻尿、心悸、四肢無力、胸悶、腸胃不適、手抖、結巴等五花八門的症狀。

許多人看遍內、外科，做了各種檢查與治療，效果有限，卻在就診後身心科後大有改善，原來身心科不是老一輩以為的精神病患才需要看的，把這個自己的學習分享給許多的朋友，反而幫助了許多人，尤其是一些求好心切，長時間給自己太大壓力的朋友。

這個經驗，也讓我回憶起從小家人感冒時總是透過中醫治療的記憶，並在之後，更加重視自己的健康，也意外開啟後來發展養生事業的契機。

🔑 利他為先，定義成功 2.0

事實上，除了在金士頓科技受益良多，在新竹科學園區工作期間，許多企業家的傳奇，也為我帶來深遠的影響。

　　翌能科技總經理黃習能說：「持續努力能讓人成長，但巨大的變化確能讓人蛻變。」能夠成功翻轉人生，關鍵在於相信「轉念、超越、逆轉」的核心信念，以及逐步建立自我品牌與幫助更多人的好習慣，做到有「信用」，能「信任」，最後累積成別人對你的「信賴」，如此才能突顯自我品牌價值，以及在關鍵時刻得到翻轉人生的機會與力量。

　　黃習能總經理從國中時放牛班學生到己卯梅竹賽（交大/ 清大）總召集人，從被交大學務長推薦為大學部畢業生獲獎代表，到延畢、負債、吃泡麵的人生谷底。在 2007 年接任揚明光學新事業時，遇到全球金融海嘯，從持續虧損到營收獲利成長 100 倍，並在 2012 年高階安控鏡頭市占率取得全球第一的成果，是許多竹科人的榜樣。

　　我在揚明光學期間，有一次為了要導入光學鏡頭至一家安控攝影機系統廠，黃習能與團隊幾乎一星期要跑客戶好幾次，因為客戶要求的鏡片潔淨度非常高，造成鏡頭良率低，使公司差點選擇放棄。

　　黃習能回憶，沒想到最終客戶反而要求揚明光學，希望

能繼續合作下去，因為他們看到日本品牌鏡頭也有相同問題，但只有我們團隊最配合，並且持續不斷為客戶解決問題。最後我們並沒有因為這件事情而失去客戶，反而此客戶的出貨量在當時還是最大且最穩定。

黃習能就此體會，越是挑剔的客戶越是好客戶，就因為他們對公司的期待遠遠超過想像，挑剔的過程中，公司會因此而成長而超越自我，也因為充分配合的熱忱與態度，因而得到客戶的完全信任與支持。

「轉念」可讓自己看待人生方式與角度不一樣，轉念後更加相信「嫌貨才是真正的買貨人」。

此外，一家跨國科技公司業務副總，人稱燈山哥，不僅身段柔軟、個性隨和，對所有人都是平等看待，工廠管理出身的背景，對生產的每一道流程和品質管制點如數家珍，認識的人都信任他。雖然身為高階主管，對每個人都是尊重的，大家都樂於挺他，無論是對上或是對下，他都不與人爭辯，人緣很好。

遇到老闆或客人不合理的要求時，當場不去爭辯，只是

誠懇地聽，先充分了解對方的需要，再盡量想辦法去滿足對方的需要，幫對方解決問題，如果真的有困難再私下跟對方說明，通常對方感受到他的柔軟跟看到他的專業、用心，都會信任他而不會太堅持。

知道自己為什麼而忙嗎？法鼓山創辦人聖嚴師父說：「當我每到一處，每見一人，第一個念頭便是我能夠給他們什麼？他們會因我而得到什麼利益？」而出身雲林貧農家庭，11 歲起投入公益的沈芯菱，投入公益 17 年，未接受捐款和贊助，獨力支出 800 多萬元。兩度獲總統教育獎、全國傑出青年獎章等多項肯定，獲選為「臺灣百年代表人物」，被世界年鑑、臺灣名人錄及教育部頒布的高中、國中、國小，共 13 本教科書列為青年典範，時代雜誌稱其「天堂掉落凡間的天使」。沈芯菱表示：「以往可能覺得成功是要能打敗多少人，而現代則認為有一種成功是能幫助多少人。」

而群聯電子董事長潘健成，原本出身馬來西亞華人村莊的傳統農家，1993 年到臺灣念大學時，身上所有的全部財產是師長贊助的新臺幣 12 萬元，課後打兩份工，半工半讀過

生活。26 歲那年集資 3,000 萬臺幣創業,兩年後年營收已達 8 億元。

隨著公司營收的一路成長,工作經常需要出差,帶著太多的現金並不方便也不安全,申請信用卡時銀行只給了 4 萬元臺幣額度(當時法規規定,不核發信用卡給外國人,特殊情形需要擔保人),2008 年金融海嘯衝擊,造成公司市值大跌,潘健成因看旺市場前景,加上市場趨勢掌握得宜,很快地以三個月的時間恢復營收水準。在 2011 年,公司營業額衝破新臺幣 300 億元,2017 年手上已有超過臺幣 140 億元現金在公司流通。群聯電子不忘照顧員工,新進員工宿舍住宿半年免費,若新進員工需要買車,可向公司申請預支薪資,最高額度可達新臺幣 40 萬元。

潘健成表示:「有困難就是成長的機會,危機是最好成長的機會。」、「不累不變的公司都倒掉了。」同時也大方分享在遇到困難時他使用的突圍心法,一為平日多廣結善緣,多得貴人情義相挺;二是如果你想把事情做好,你就可以把事情做好;最後則是──生命總是會找到出口,問題總

是會有解決的方法，畢竟擔心是多餘的，睡醒了還是一尾活龍。

而臺灣飛利浦公司前亞太區業務總經理 Jason，多年來每天提早一小時進公司的習慣，更是很多人津津樂道的。早上八點到九點，他稱之為黃金一小時，這一個小時打擾少，思緒也清楚，工作效率特別好。更令人震撼的是，他在帶領公司時除了很重視四年計畫外，更會鼓勵下屬，盡量在前半年就達成當年業績目標，這樣接下來的業績都等於是多出來的。

或許，就因為這些傳奇人物的故事，讓我體會，除了完成眼下的工作外，人的一生還有許多可能性。

因此在兩年前，我終於勇敢跨出舒適圈，透過顧問職的工作，驗證並總結過去的經驗，也依循著心裡始終沒有被消滅的火種，更進一步積極涉獵有關中醫與養生的知識與產業。

還記得小時候，母親書桌旁總是放著中醫典籍、健康知識的筆記，為了照顧孩子們的健康跟幫家裡節省開銷，好學

的媽媽，幾乎學會了每一味中藥材的藥性，大概是受母親的影響，學習中醫是小時候就有的憧憬。

　　大學畢業時，有過想讀學士後中醫的念頭，也曾參加過中醫檢定考試的研習課程，因當時的經濟狀況並不允許再去讀一個大學而打消了念頭。從離開學校後，進到工業界將近 20 個年頭，似乎離這個念頭也越來越遠了。

　　直到近兩年，在以過去工程、品管的經驗擔任各項顧問職時，巧遇一位學長，看到我的痼疾「滑鼠手」，讓我體驗光溫敷儀對於疼痛的舒緩效果，才讓我在多年後得以如願轉進健康的產業，並和過去二十年的科技業經驗加以結合。人生進入下半場，有幸竟能讓工作結合興趣和志業，能像醫師、法師、牧師一樣，人生最棒的工作莫過於此。

知天運命 扭轉乾坤

找回屬於你自己的幸福人生！

人生最可悲的是：用有限的時間去學習無限的知識；用有限的精力去處理無限的雜事；多年後一回頭，什麼都沒解決，什麼都沒留下，才發現虛度了一輩子。

「一切要靠自己」，是依蓁從有意識起的認知。

國中畢業後便開始半工半讀的人生，當其他大學畢業生還在為求職就業煩惱時，晚上就已在擺攤算命，協助許多人從迷霧中走出一條自己的道路。

某天，一個黑道大哥的前來，從此改變自己也改變他人的命運。

我相信，每個人都有自己的專屬劇本，請讓依蓁協助你，挖掘出獨一無二的天賦，展開華麗精彩的人生。

學經歷：

輔仁大學企管系，曾在專利商標事務所、外貿公司、中國信託、保險基金、資訊設備商任職，並在保養品公司擔任銷售經理，現透過命盤、環境風水結合神經語言程式學（NLP），協助企業與個人透過自我檢視，進行生涯規畫重塑。

澄蓁運命粉絲專頁

澄蓁運命事務所
@sie0089t

你曾經想過一個有幽閉恐懼症的人，現在可以在舞台上發光發熱嗎？

雖然俗話說：「千金難買少年貧。」但在大二那年，白天在保險基金公司總部，擔任無所不管的助理工作，晚上在輔仁號稱「報告襲擊」的企管系就讀，龐大的壓力讓我罹患幽閉恐懼症，身心都處在極大壓力下的我，並沒有辦法體會這句老生常談蘊含的意義。

但多年後，當我站在講臺上，發現自己竟能帶給臺下年紀比我大上十幾、二十歲的中高階主管們一些有用的知識，透過這些知識與引導使其升職、找到自己的路。我終於可以理解，很多當時看似苦難的經歷，有時真的是上天的禮物。

🔑 曲折的就學經歷，意外造就傳奇

身為 1980 年代的中段班，國中畢業升高中階段，升學壓力似乎才剛開始，也理應是唯一的壓力。

但對於有意識以來，就知道一切都得靠自己的我來說，

考上人人稱羨的靜修女中，卻不是一樁喜事。因為私立學校，就代表了高學費，明知家裡無法負擔的我，明快的選擇了重考，後來就讀臺北商業技術學院夜間部（現在的國立臺北商業大學），開始了半工半讀的生涯。

選擇北商，取決於舅舅給我的一番話：「你未來想從事腦力的工作，還是勞力的工作？」

這句話，除了讓我把握在學校的每一堂課，白天的工作，更從短暫的門市店員，很快轉戰到專利商標事務所、外貿公司、中國信託和保險基金公司，期望讓商學院的理論，加上職場的實戰經驗，為自己多擁有幾把刀。

北商三年級時，我心裡忽然有個強烈的聲音——上大學。雖然北商屬於技職體系，教授的科目偏重實務，和大學聯考要考的科目完全不同，這並沒有妨礙我的決心。咬著牙，我只好放掉晚上的課業，瘋狂在課堂裡讀著大學聯考所需的科目，也如願考上輔仁大學企管系夜間部。

事後才從學弟妹口中得知，原來我竟是北商歷屆以來第一個考上大學的人，莫名其妙成為學弟妹口中的傳奇人物。

🔑 拚命三娘，曾得幽閉恐懼症

事實證明，傳奇人物不好當。雖然從小個性與環境使然，本來就是個閒不下來的人，就讀北商期間，無論是要站上八個小時的門市店員，或是艱難的專利商標事務、外貿與金融工作，由於能和學校理論融合，我都堪稱得心應手。

北商三年，我的白天與夜晚一樣精彩，也一樣充實。

但沒想到進到輔仁大學企管系後，考驗的層級提高許多。

在俗稱「報告襲擊」的企管系中，走出課堂往往才是課業的開始，各種小組討論與書面報告，開始從蠶食到鯨吞，影響我的睡眠時間，加上當時白天在保險基金公司總部擔任助理工作，白天除了一刻不得閒，單子上的待辦事項也似乎永遠消除不完。

於是，我開始發現自己時常會突發性地有心跳加快、冒冷汗、呼吸不順的症狀，尤其在電梯、公車、捷運等密閉空間更是不舒服。到後來，甚至只要看到擠滿人的公車、捷運，

我就覺得吸不到空氣，上班更是一定走樓梯上下樓，絕不搭電梯。經詢問，我才知道這種症狀為幽閉恐懼症，原因是壓力過大。

由於我是個鐵齒的人，加上從小不怕苦，覺得沒有什麼事情是自己沒辦法搞定的，更何況是小小的幽閉恐懼正。

所以，在時常換搭不同朋友的便車，偶爾忍痛搭計程車通勤下，我決心要克服這種困難，勇敢踏進捷運車廂。沒想到，在捷運關門聲響起時，我竟然無法控制的就往車外衝。

當我發現，竟然光是一個簡單的通勤問題，就把我徹底困住，內心的無力感也越來越重。

🔑 職場天花板，意外接觸命理諮詢

就在這時，一位朋友建議我一起去看命盤。心想死馬當活馬醫的我，不抱太大期待的跟去了，得到的答案，除了說我這個人太喜歡把工作攬在自己身上，一個人當三個人用，更語帶神祕地說，我如果過一般的上班族生活，很容易遇到

玻璃天花板，難以有晉升機會。

要知道，從小閒來沒事也愛上網路排個星座命盤、紫微命盤、研究塔羅的我，對命理也算小有興趣，但聽到算命老師這樣說，我仍是有些不服氣，且半信半疑。

但說來奇怪，就因算命老師至少講中了一點，我的確把自己繃得太緊，對很多事的得失心太強，所以在自我提醒下，雖然書照讀、工作照做，但我卻開始調整自己的心態，也透過找人陪自己搭捷運，進步到可以自己搭捷運，只是盡量戴上耳機轉移注意力，逐漸地讓幽閉恐懼症不藥而癒。

唯一困擾我的，只有算命老師那句話——我很難打破職場天花板，晉升總是輪不到我！

雖然在北商和輔大期間，我白天擔任的都算是較基層的工作，但在工作資歷還算久，表現也自認不差的情況下，的確曾出現幾次明明有晉升機會，最後卻被空降部隊搶走職位的情況。

就在這樣的質疑下，我還是順著一般人走的路，在大學畢業後，進入了一份自認為可以大展長才的工作，在一個代

理微軟及電腦零件的設備商，擔任業務的工作。

　　由於我工作起來仍然拚命，很快的，我就從一般的社區小門市，開始負責華碩、宏碁等電腦大廠。但在短暫的成就感後，我就發現，職場天花板的魔咒似乎持續發威，且越來越明顯，本來應該屬於我的機會，卻在跌破眾人眼鏡下，花落別人家。

　　值得一提的是，在那次的算命經驗後，我開始重拾青少年時就有興趣的東方命理與西方占星、塔羅，希望作為了解自己的工具。畢竟，這些學問既然會流傳這麼久，一定有它的道理。

　　我也堅信，只要持著「命運始終是掌握在自己手裡」這個原則，學了這些知識也只是有益無害。

　　閒暇之餘，我也從自己身上，和自願充當白老鼠的朋友身上，得到了許多印證，意外發現在去蕪存菁下，有些命理工具的確頗具參考價值。

　　當印證的案例變多後，加上多年來已習慣把白天晚上都排滿行程的我，開始在三重的夜市和朋友合租攤位，做起生

意來。朋友有的賣吃的，有人賣點小飾品，我賣的則是命理諮詢，每週營業兩天，沒事做的晚上，我就到處上課，累積更多相關知識。

有趣的是，這階段的我，其實是抱著半營業半印證的心態，想不到在案例累積越多後，不僅讓我將更多死板的理論得以活用，透過個案的口碑相傳，生意也越來越好，到後來案子應接不暇。

🗝 黑道大哥成主顧，開始全心投入命理諮詢路

在兩年的擺攤經驗裡，最印象深刻的個案，莫過於一個渾身刺青的 ANIGI（黑道大哥），竟然會到我這個小小的攤位來，害我有點不知所措。

要知道，當時我還是個菜鳥算命師，當這大哥帶著兩個小弟進到帳棚來，立馬就用力拍了一下桌子，當時的我超想找個洞讓自己躲起來，也把我的魂都嚇飛，之所以沒有跑開也沒有尖叫，純粹是因為嚇呆了，沒辦法做任何反應。

　　幸好，大哥在下馬威後，馬上把兩位小弟支開，那時的我突然驚醒，原來不是對著我叫囂，讓我鬆了一口氣，他也說出他此行的目的。原來這位大哥是為了幫「大哥的大哥」扛一個罪名，淪為被告，想問官司能否避得掉。

　　說也奇怪，我當時不知道從哪生來的狗膽，竟然先跟那位大哥嗆聲說：「人的一生哪有什麼事情過不去，當然可以避得掉，但前提是一定要聽我的話並且照做，再做一些對社會有益的事情，不然你憑什麼改變命運？」這位大哥也從善如流地說好。

　　在召回我的三魂七魄後，我盡快恢復鎮定，並從盤面上看出，有解決的方法，他的官司其實並非想像中困難，由於命盤中有部分不好的星宿，本來就容易有官司問題，再者當年也衝擊到他的事業宮，所以首先請他先將家裡的尖銳物品全都收起來，另外利用求貴人之術讓他得到許多貴人的協助，再用煙供化解不利於當年的煞氣，官司問題自然而然就可以解決了，讓他心情為之振奮。

　　沒想到幾個月後，這位大哥竟然又出現在攤位前。這次

他帶來了一個紅包,因為在他照著那些方法執行後,果然成功避掉官司,人算不如天算,命運還是必須靠自己去創造。

那個紅包我拒收了,原因是我在諮詢時已經收了他的費用。更重要的是,從一個窮人家的小孩,到每天賣命工作的工蟻,我從沒想過,竟然能透過算命這個工具,去改變另一個人的命運。

這位大哥的故事,固然給我帶來莫大的勇氣。但在白天,我仍然過著一般上班族的生活,繼續在資訊設備商工作,由於晚上的命盤解讀越來越有心得,當我突發奇想將它運用在業務開發時,竟然達成連續 2 個月在上百個業務中,業績排名第 2 名且達成 2 項 KPI 指標。

但就在事情看似越來越順利時,我發現無法晉升的魔咒再次發威,雖然看來業績大好,收入卻沒有太大幅度提升(因為該業務工作有底薪,獎金提撥比例較低),原本在業績考核標準下穩拿的晉升機會,卻始終看得到輪不到。

於是我辭掉這份工作,跳槽到某保養品公司擔任銷售經理。然後,在這份工作再次印證了我的職場天花板。

　　這個魔咒困擾我最甚時，是在我夜間的命理事業已越來越順利，卻始終無法下定決心全職投入命理工作時。為了證明我可以繼續在白天、夜晚扮演不同角色，我曾經投入某英語機構的業務工作。

　　妙的是，已有豐富業務經驗的我，整整三個月竟然沒有成交任何一件業務，甚至有個案是簽約後又反悔的。更欺負人的是，當時連沒做過業務工作的同事都成交了，我仍然交了白卷。

　　在這個打擊下，鐵齒的我決定不再鐵齒，完全辭掉白天的工作，也把夜裡的攤位收起來，正式找了一個地方成立工作室，當起了全職命理老師。

　　在做這個決定時，每個聽到的人都說我瘋了，但因從小外婆有句話影響我很深，就是「給人歡喜，給人希望，給人方便」，由於我是外公及外婆帶大的，篤信佛教的外婆從我2、3歲會走路時就會帶我去拜拜，教我做人處事的道理，跟我說跟人意見不合時要好好講，不要跟人吵架，吵得你死我活、面紅耳赤都沒有用，重點是好好地將事情解決，會想從

事命理這個行業，或多或少跟這句話有關係吧！

無奈的是，連向來支持我的外婆，也反對我做這個工作。唯一贊成的，反而是我的母親，她認為，既然我有這種能力何不拿來回饋社會。就這樣，我憑著使命感與幫人的初心進入了這個行業，在進入此行業 1 年後，已幫助上百位人，但內心終究還是有點遺憾，於是選了個吉日吉時去拜訪外婆，希望外婆可以認同我想幫助大眾的心理，在一番深談過後，從小她也希望我們能做對社會有益、幫助更多人的事，最終她還是認同我，讓我解除了心理的疙瘩，也因為得到家人的支持與認同，讓我的事業開始突破重圍、一帆風順。

相信天助自助者，知命在於改變命運

在全職投入命理的初期，我就立志成為有別於傳統的命理諮商師！

除了先天上的形象沒辦法像傳統穿道袍的老爺爺一樣，掛著鐵口直斷的旗幟，所以從一開始，就打定志不在傳統的

「論斷」，我的想法是論斷準確本來就很重要，但是更重要的在於「改變命運」。

　　會有這樣的想法，始於結束幾個案子後，領悟到人本身就是最複雜的動物之一，很多人藉由外在改變後，人的頭腦不變、想法及做法不變，改變的程度就會有限，開始思考著難道只有命理上的解決方式嗎？因緣際會之下拜讀了《祕密》這本書。因為看了這本書，讓我在驗證東西方命理知識時，也報名了許多成長激勵課程，並結合神經語言程式學（Neuro-Linguistic Programming，簡稱為 NLP），引導個案在了解自己後，從行為、習慣的改變，進而改變思想，也改變命運。

　　雖然沒了夜市的人潮後，一開始曾經業績慘澹到一個月僅有一個客人，不過好處是時間自由，可以自己安排時間，我就趁此機會跑去學習新知，畢竟「學如逆水行舟，不進則退。」學到的東西全都在腦海裡，沒有人可以搶走！所以有句話說，最有效的投資就是學習，我始終是這一信念的信奉者。

　　此外，雖然有固定的辦公室，但我仍然把握機會「走出去」，從區域型駐點，到加入 BNI 商務聚會，由於在這樣的團體裡，接觸各行各業的主管與企業家，讓我得以打破地域的框架，業務遍及全臺各地，更重要的是從一次次的聚會中，學到品牌經營、企業定位等概念。

　　在某一次的聚會中，因為一位前輩提出——既然你希望透過自己的專業幫助人，但一對一影響範圍畢竟有限，何不試著當一名講師呢？

　　就這樣，我又開始為了上臺分享，繼續報名更多課程，也更加體會「臺上一分鐘，臺下十年功」的道理，因為上臺教課不但要思考對臺下這些聽眾而言，什麼是有用的知識，還要學習簡報技巧，也得懂得如何跟學員互動。

　　業務出身的我，剛上臺講課時仍需要克服許多心理障礙，但在有舞臺可以練習就盡量練習的情況下，我的舞臺也隨之越來越大，從企業講座、公開論壇到大飯店的講座，不但一次比一次進步，諮詢與輔導的規模也越來越大。

　　曾有一個直銷公司的組織領導，請我協助她打造團隊，

包含什麼樣的人格特質適合一起合作、什麼時間辦招商說明會會更好⋯⋯等等。而事後也讓她在短時間內的業績就增加三倍，聽到學員及客戶的回饋總是替他們高興，因為這也代表我又幫助了一個人。

尤其我深信「天助自助者」，即使是傳統上較宿命的東方命理，同樣以「命是天注定，但運是可以改變的」，替人們開了另一扇窗。

許多人羨慕含金湯匙出生的人，這些人看似已贏在起跑點，但當接觸更多個案時，你會發現家家有本難唸的經，每個人其實都有他的考驗等待著去克服。

所以，命好的人不一定值得羨慕，但努力的人，前方一定有美好的前景等待著他。因為我自己，就是從一個普通的家庭，透過不斷的努力與摸索，找到一條最適合自己的路，甚至幸運的可以讓事業與志業兼顧，在賺錢餬口之餘，還能幫助人，有此工作，夫復何求？

🔑 多角化經營，幫助更多人翻轉逆境

更值得驕傲的是，這段期間，我不僅完成了終身大事，也完成了傳宗接代的使命。

基於對命理諮詢的熱愛，在孩子生下後，我選擇收掉工作室，試著跟社區裡的髮廊、咖啡廳合作，等到孩子大了點後，我才又重出江湖，並在 BNI 聚會的學習與累積後，延續這份熱愛的工作。

近年來，甚至在無數貴人的引薦下，讓三十出頭的我，就打入兩岸領袖諮詢的圈子，並有機會將命理結合生醫、能量香水等產品，多角化經營自己的事業。

回顧這一路走來，從專利商標事務所、外貿公司、中國信託、保險基金、資訊業務、保養品公司銷售經理，這些工作都給了我莫大的養分。

像是在事務所學習到一些專利法規，及技術移轉的知識，在中國信託學到顧客應對及許多金融實務與理財知識，在資訊設備商幸運遇到嚴厲且對我期望甚高的主管，讓我

從小型經銷商逐漸接觸大型企業商圈，並學會專案的掌控能力。

因為有了這些經歷、有對命理諮詢的熱情，也因為尋求自己命運而得到解答，才有今天看起來外表年輕，實際上已經累積、融合了無數前人結晶智慧的我。

一旦開啟顧問的開關，立刻化身成一個老靈魂。

過去我已經在臺灣成功展開服務版圖，現在，將重點放在海外拓展，讓有華人的地方，都可以接受澄蓁運命的服務。只要透過 FB 粉專、Line@ 以及微信，就能直接跟我做第一時間的聯繫，讓我快速翻轉您人生的逆境。

請協助澄蓁運命來幫助上萬華人、上萬家庭，以及上萬企業突破困境，扭轉劣勢並邁向成功的未來。

裂變式行銷講座創辦人 **李孟宗**

跨出同溫層，
拒當被煮熟的青蛙

| 世界上只有想不通的人，沒有走不通的路！

18 歲即開始打工，曾當過飯店服務生、保險業務員、安親班老師、數學老師，但花在學習的心力與投資自己大腦的金額卻更龐大，曾在財商俱樂部創下月收入 25 萬元的紀錄。28 歲，當許多大學畢業生為 20 幾 K 的薪資所苦時，已透過無數舞臺經驗的累積，打造「裂變式行銷」講座，為「裂變式行銷大戰略」創辦人，期望結合影音製作與網路行銷經驗，讓更多年輕世代的人可以靠創意與一支手機，在 5 億中文視聽人口的市場上，創造屬於自己的舞臺。

經歷：

中臺科技大學醫學檢驗暨生物科技學系畢業，曾在飯店、保險公司、安親班任職，現為翻身俱樂部領導、教育訓練講師、造神計畫主辦人、東協之都－BSD 專案行銷講師、裂變式行銷大戰略創辦人。

個人臉書

LINE@

醫學相關科系畢業，了解醫療生態系制度後，就決定把所學當作知識使用，未再想過進入醫療相關體系；毫無人脈背景，卻絲毫不羨慕「靠爸族」；當時的我發現做任何行業及工作，都需要行銷，只是在於行銷不同的東西及意義，大學畢業、退伍後的五年間，花在投資自己大腦學習的金額與心力，大過於所謂的「正當工作」。

這是因為當許多同學還在擔心畢業後的 23K、討論著社會新鮮人高失業率的問題時，我卻看到有另一群年輕朋友藉由互聯網大放異彩，當短視頻狂潮來襲後，許多有創意的人光靠著一支手機，就快速圈粉，累積成的龐大影響力，讓他們成為閃閃發光的自媒體，從不需自行開發業務，反而讓一大群粉絲與廠商追著跑。

很幸運的，在無數貴人的引導與影響下，我也有機會站到這風潮的浪尖上。從無數課堂裡臺下的聽眾，一步步走到講臺上，和更多人分享如何製作有創意的短視頻，透過「裂變式行銷」，在 8 到 88 歲、達 5 億人的中文視聽人口中，行銷自己的理念與創意，並從中淘金。

在課程的訓練及演練過程當中，也幫助過多位夥伴跨出自己不知道如何運作、操作，不敢面對的那一步，「每個人都有無限的潛能，太過看清自己，反而會錯過很多選擇、失去更多的機會。」在手把手教導他們後，靠著實際操作的案例，讓他們都可以在閒暇之餘又額外增加了一點收入。

「行動，向來是打破疑慮的最佳方案。」

無論「時勢造英雄」還是「英雄造時勢」，大膽跨出去，邊做邊調整，永遠比待坐在同溫層的舒適圈裡，被逐步升溫的水煮熟來得好！

我的生命如此，希望也能提供有機會看到這本書的您一點點參考的價值。

貴人老師啟蒙，開啟對學業的興趣

俗話說：「生意仔難生（閩南語，指有生意頭腦的小孩可遇而不可求）。」

或許是家裡從小做生意，加上我生來就一副笑臉，小小

年紀就很會說話，不但會幫忙照顧弟弟，還能邊招呼客人，可以說是爸媽的好幫手。

　　小時候的我，其實沒什麼念書的天分。小時候學習的珠心算，並未成為課業中亮眼的一環，第一次對學業產生興趣，是因為五年級時，父母讓我到補習班補數學，數學老師深入淺出的教法，讓我第一次燃起對數學學習的興趣，更不可思議的是，在開學後的第一次考試，我竟然破天荒拿了滿分，且全班只有我一個人！

　　我的運氣很好，升上國一後，數學老師打破傳統的教學方式，延續了我對數學的熱情，不僅讓我的數學成績繼續成為「萬紅叢中一點綠」的科目，由於老師運用分組式教學的方法，不但讓同學們互相討論，也鼓勵學生上臺報告，開啟了我喜歡上臺分享、享受舞臺的感覺！

　　「音樂可以感動人，演講可以改變人。」以前的我不知道這個簡單的道理背後所隱藏的意義，只知道老師不斷的鼓勵我們上臺，甚至利用這個時間可以讓不懂的同學有一個深刻的印象。到了現在，我終於了解利用演講改變人的意義。

　　對於正值叛逆的國中時期，我也曾經有離開家裡的念頭，由於從小家庭開店的關係，就必須負責幫忙做東做西、處理家務等等，卻鮮少有屬於自己的玩樂時間，童心未泯的我萌生出一個念頭：「我上了高中一定要離開家裡，靠我自己出去外面闖一闖！」

　　經過家庭討論會議後，為了替家裡節省開銷，以及當初對自己所許下的承諾，我選擇到外地念公立高中，開始了在外地求學的住校生活。剛進入一個新鮮的環境，又離開了被束縛的生活，就像一隻剛會飛的小鳥，看到了外面的世界是多麼美妙，不僅參加了學校的儀隊代表，讓我在高一就得以在全校的運動大會上大顯身手。

　　就在某一個颱風天下午，突然宣布停班停課，大家都開開心心的回家去，而我們也回到宿舍休息了，本想說打個電話和家人報平安一下，卻聽到了突如其來的噩耗——小時候最疼我的外公離開了！

　　原本開心的心情，就像從天上掉到谷底一樣，完全不知道怎麼樣用言語表達，甚至在外公離開時，卻沒辦法在身邊

陪伴他。一個未知的變數，也讓我有一個深深的體悟：「人生在世，世事無常，愛要即時，把握當下。」

在經過了許多事情後，也因為練習的過程會占據掉大部分時間，課業的壓力也越來越沉重，不小心放掉了曾經我最驕傲的數學科目，雖然後面靠自己的努力惡補硬是拉了一些些回來，但是卻不如之前的理想。

就在關鍵的時刻，好像冥冥中安排好讓我遇到了第三個貴人導師，老師教導我們可以不用放棄原本所喜愛的事物，但要盡力去完成交付的每件事情，每一件事情沒有所謂的是非對錯，相信自己的抉擇就可以。

也因為老師的認真教學，讓我又重新開啟了我對數學的興趣及熱情，並且盡自己最大努力把前面所放掉的課業趕緊補強回來！

高中最後的一年必須面臨一個抉擇，要繼續升大學還是轉到科大，在當時的我們都覺得大學才是唯一選擇，而老師卻幫我們分析了很多利與弊。

一開始的大學考試因為太緊張了，所以整個大失常，自

己也很懊惱，但在老師持續不斷鼓勵下，最終仍不負眾望，在最後的考試表現出不錯的成績！

在所有過程中，唯有努力可以結出豐碩的果實，學業如此，人生亦是。透過不斷的成長，讓自己達到人生高峰，再接下去的人生，也必須靠自己掌握才可以更顯得發光發熱。

🔑 大學時瘋狂打工，累積豐富社會歷練

我考取了醫學相關的「醫學檢驗暨生物技術學系」，家人們期待又驕傲地相信並尊重了我的選擇，但開學後的我就像一匹脫韁的野馬，和同學結伴同行的去遊走玩耍、吃飯、娛樂等等。經過了一、兩個月後我才幡然悔悟，開始了半工半讀的生活，一來減輕家裡的負擔，也能藉此增加自己的社會歷練。

日復一日的過去，每天幾乎都在做重複的事情，除了上課、下課，就是上班、休息。記得有一次弟弟問媽媽說：「哥哥怎麼都那麼忙？我有時候都沒看到他就又出去了！」由於

弟弟從小就很黏我，好不容易盼到我回臺中讀大學了，可以繼續陪他，不過卻不如他的意。

因為每逢假日時，幾乎都是飯店業最忙碌的時間，不過付出的代價總會有收穫，雖然在工作忙碌下，學校的功課成績都維持在普普的階段，我卻從打工中賺到許多社會經驗和解決問題的能力，也體會到賺錢的辛苦，以及如何規畫自己的收入。

在大學時期打工的我，只知道有錢了不要亂花，要好好的存錢為自己的未來做規畫，都還不知道原來理財、財務規劃的重要性，甚至可以透過投資、套利等等的把自己賺取的錢放大，更快速的累積自己的財富，而後的我，接觸到了什麼，可以讓我的人生有如此大的轉變呢？

在大學之前有和其他朋友聊天，普遍朋友都說大學老師才不想管事，甚只有點像掛名班導的意思！到了大二的時候，我的大學的班導師，不同於其他的大學老師，就像是媽媽照顧孩子心態，不斷的鼓勵、鞭策著我們，希望我們可以越來越進步。

到了大二的時候，我人生中的第四個「貴人」——大學的班導師，這位老師不同於其他的大學老師，在大學之前有和其他朋友聊天，朋友普遍都說大學老師才不想管事，甚至只有點像掛名班導的意思！

不過我們的班導不一樣，老師不僅會和我們吃飯、聊天、分享事務、共同進行班級活動等等，甚至也會叮嚀我們的課業，以及看我們是否有其他需要幫忙的，我看到大學老師那麼認真地付出，並且積極地和學生培養關係，也是我們班上同學的好福氣。

大二的時候，我開始擔任班級的幹部，由於我的原則是只要答應的事情都會全力以赴，盡力做到最好，讓我完成了該學期所交辦的事項，並獲得老師的肯定，這個過程中也讓我了解到：「努力不一定會成功，只有持續不斷的努力，才會看到成功的果實！」

在大學四年中，也讓我碰到了一件最痛苦的事情，因為喜歡到處「趴趴走」，跟著同學騎車玩耍之際，曾經讓我在鬼門關前走一遭，騎車發生了意外事故，只差一點點就可能

跌到山谷下。撿回生命的我當下真的是腦袋一片空白，只知道自己撿回了一條命，卻也對父母有滿心的愧疚，回到家後仍然心有餘悸，看到媽媽後一整個都崩潰了。

那一瞬間，一個簡單的舉動，讓我體會到擁有家人的溫暖是什麼滋味，找回了家對我的意義和感覺。父母也常說：「家就是你們的避風港，不管在外面碰到什麼事，你們永遠要記得家門都是為你們敞開的，隨時歡迎你們回來休息。」

🔑 難以忘情講臺，放棄醫院工作

綜觀大學時期，無論是學業或打工生涯，都得到許多幫助和賞識重用的機會，尤其是飯店主管，也是我人生中的第五個貴人。由於看到我對事情的堅持及負責的態度，開始教導我一些更資深的事物、應該注意的事項以及面對問題如何解決問題、達到客戶所要求等等，讓我發現原來很多事情都是一體兩面，沒有深入了解到內部的運作狀況及方針，是無法知道當中精華所在的。

　　不過，在這樣長時間的工作中也讓我意識到，如果未來繼續靠勞力與時間賺錢，很可能到退休時也無法擁有一間屬於自己的房子，所以在朋友的介紹下認識了一位保險業務員，詳談過後，讓我更加了解業務可以完成我未來的夢想，藉此機會開啟了我的業務人生。

　　第一次接觸到不一樣性質的工作，必須把心歸零，從頭開始學習、努力付出，就一邊念書一邊學習業務技巧，也開始慢慢的累積經驗。剛開始做業務的我也常常碰壁或吃閉門羹。

　　在過去的我不知道業務陌生開發、尋找精準客戶的重要性，原來也可以透過簡單的幾個步驟，就可以達到行銷的動作及目的，甚至可以從中獲取更多不一樣的知識及結果，行銷並非所想的那麼複雜，只是需要時間不斷的和客戶培養感情及不斷的用時事去刺激，讓他們可以順利的達成你想要的結果。

　　後來因常常和其他前輩聊天，請教他們成功的祕訣和其中的要點，並轉換成我所需要的知識，讓我可以更快速的達

成目標。

付出必定會有結果，很快的，我在某次的月比賽時，就拿下全公司業務組第二名！也很感謝當時願意相信並支持我的客戶、朋友們，父母看到得獎獎盃也很驕傲，且為我感到高興，讓我體會到，「含淚播種的人，一定能含笑收穫」。

與此同時，由於進到大四實習階段，在醫院的實習過程中，除了讓我體會到醫院的環境並不是我所嚮往及喜愛的，經過半年的實習及思考後，我決定把這四年所學到的知識，做為幫助家人和朋友們的日常生活知識以及保健的重要性，並重回業務工作。

在那一刻，我告訴自己：「不論你在什麼時候開始，重要的是開始之後就不要停止；不論你在什麼時候結束，重要的是結束之後就不要悔恨。」

結束了國民應盡的義務，開始了我人生的另一個旅程，原本在朋友的鼓勵下想繼續我的業務人生，但迫於現實，考量到必須先有一份穩定收入，才能繼續為未來尋找最好的方向。

於是，我暫時重回餐飲業工作，也感謝當時推薦我的好主管，也讓我遇到了我生命中的貴人，也就是當時的協理。由於換了一個新地方，很多事情必須從頭開始，這一路上也遇到很多的好同事，慢慢提點我該注意的事項，並開始學習領導團隊、組織團隊及做好事前事後的一些準備，以不變應萬變。

正確的道路是吸取前輩所做的一切，然後再繼續往前走。不管經過多少道路和經驗，我始終不曾忘記當初自己許下的願望，這一路上因為有不少的貴人相助及幫忙，讓我終究完成了「當老師」的心願，曾在轉職過程中，在朋友延攬下進入安親班，甚至因不俗的表現，讓老闆力邀我成為合作夥伴。

🔑 接觸財商知識，意外開闢屬於自己的道路

不過，不安於現狀的我，卻有了更大的目標想挑戰自己，過去一個活潑樂觀卻不善於表達，到處結識朋友卻都不擅理

解他人想法，喜怒哀樂的所有都表現出來、藏不住任何的情緒，到了現在卻懂得處處為他人設想，所有做的都以團隊為中心，只希望更多的人可以達到更高的財務自由生活，到底他的人生經歷過什麼，可以讓他有如此大的轉變？

曾經站在舞臺上享受過的那種感覺始終無法忘懷。在此時接觸到了房地產達人——七哥，一開始的起心動念，只是想學習和房產相關的知識，卻從中了解到許多不同於一般的商業思考模式，讓自己找到致富的關鍵祕密，期望早日獲得財務自由、提早退休。

「努力不一定成功，成功一定要靠努力，但機會比努力更容易成功，而選擇比努力重要。」

每一個人對於學習的心境及心態都不一樣，所以有了不同的結果。而我就像是一隻老鷹，只要有了目標，專注執行，目標不到手，絕不放棄，也因此讓我在財商俱樂部中獲得許多的機會，然而只要一有機會來臨，就一定二話不說地答應，挑戰更高的自己，也可以讓我從中學習經驗，讓自己去挑戰更不一樣的成績，也可以在人生旅途上屢創佳績。

在成功之前，所有的機會都是一個讓自己學習的經驗，「神槍手，都是由子彈堆積出來的！」只有不斷的進步、不斷的超越自己，才可以讓自己提升到更高的境界。

在俱樂部中，除了讓我學習到許多外面銀行甚至理專們不告訴你的理財祕密，更因此累積數百場的活動經驗，並擔任過東協項目專案的講師、業務行銷講師以及內部教育訓練講師等等。

「成功不是只有一種方法，而是要找到適合自己的路！」現在的我能擁有更好的舞臺，「翻身俱樂部創辦人——臺灣七哥」可說是我生命中最大的貴人，從一個幾乎什麼都不懂的我，只因為記得一句話：「所有的東西，只有學習到了才會是自己的。」就不斷的向自我挑戰，或許七哥只是提個點，我也會去想、甚至上網查一下相關的知識，進一步突破自己做到更好，也感謝七哥給予我的機會、舞台，可以讓我有更好的發展空間，他教會了我許多面的行銷技巧，在遇到任何問題時也會不吝給予我建議及幫忙。

在他的鼓勵下，我開始和一位剪接師好友籌畫「裂變式

行銷」的講座課程。這一年，我雖然只有 28 歲，卻已經累積了無數講課的經驗，也從服務業、業務類工作，接觸各式各樣的人，並找到自己的最終定位。

20 幾歲的年紀，對於很多產業的人們來說，或許只有學習的分，要爭取執行或做決策，可能還會被唸說靠邊站去吧！而我卻擁有了一個大機會，可以讓我大顯身手，甚至藉由課程的輔導去幫助更多的人。

唯一的例外，正是由社群媒體和影音平臺所建構的「滿滿大平臺」。

雖然曾因表現優異，被安親班老闆延攬為合作夥伴，也曾在財商俱樂部創下月收入 25 萬元的成績，但身為網路原生代，眼見許多年輕世代只甘於「使用者」的角色，卻不曾想過自己也可以站在這個舞臺上，透過創意，讓自己發光發熱。

在開始走上教學課程之前，自己就已經嘗試過不同的方法，都有著不錯的成績，幾乎每個月都有不少的紀錄出來，甚至也藉此賺了不少的金額，而後希望透過自己已經有過的

經驗，藉由著課程的進展，可以不斷的輔導夥伴，也讓他們可以跟著我們的腳步，一步一步走向成功的道路。

　　基於這個想法，我和剪接師好友「奎德創意負責人」一拍即合，希望能透過講座讓不同的人群知道，可以利用影片做出簡單又吸引人的銷售方式，透過他的專業，利用不同的視角差異、簡單的技術層面操作，就可以設計出一段驚為天人的影片，然而影片的製作過程有著種種的考驗，讓我們啟發了一個由手機就可以快速錄製影片並掌握剪接、後製與配樂的短視頻，並成功的讓短視頻創造出屬於您自己的銷售模組並創造出高流量，並進一步將名單導引、製造流量，在轉換成精準客戶後，進而達到最後的目的——變現。

　　「裂變」的概念，源自於物理學中，中子轟擊原子所產生的鏈式反應。這個概念在「六度分離理論」的社群媒體催化下，讓傳統行銷方式進入裂變式行銷的時代！

　　要掌握裂變式行銷的技巧，只需要開放的心，勇於跨出第一步，下一顆閃亮的新星，就是你！

搭建生命橋梁，翻轉人生

扶輪改變人生

由臺大政治系國際關係組、轉臺大法律系畢業，並赴美國加州柏克萊攻讀法學院碩士。回國後於國際通商法律事務所（Baker McKenzie）任職，專長是勞工法、智慧財產權及爭議處理，加入國際扶輪社後，成為「生命橋樑助學計畫」發起人之一，且為國際扶輪 3521 地區 2019-20 年度總監當選人。

殊榮:

- 美僑商會理事、美僑商會人資委員會共同主委、歐洲商會人資委員會共同主委、律師公會消費者保護委員會委員。
- 曾兩度獲頒亞洲女性企業法律獎(為臺灣地區唯一獲獎的個人),在錢伯斯法律亞太區指南自 2009 年評鑑起,每年評選為勞工法「首選律師」,法律五百強亞太區指南自 2013 年評鑑起,每年評選為勞工法「領銜律師」。

　　飛機上一片靜默，抵擋著沉沉的睡意與淡淡的離愁，送一對兒女飛往美國的萬里高空之上，我靜靜地祈禱，要開學了，希望孩子們把握求學時光，珍惜當下，祈願兒子明年畢業後，順利展開人生的另一段旅程。

　　打開手機看到 Ruby 傳來的訊息，她也像是我的一個孩子，因為「生命橋樑助學計畫」而結緣的孩子之一。Ruby 敘述畢業後已經開始正職工作，寄個訊息來問好與報告近況，更多是一份感謝的心。

🔑 你我的一點傻氣，卻可成為年輕人翻轉的力量

　　回想起與 Ruby 在「生命橋樑」新生說明會上初見面的印象，和「生命橋樑」的許多受獎學生一樣，雖然笑容靦覥、雙手不時扭著衣裙，透露了有些緊張及缺乏自信，但她的眼神閃爍著期盼、舉止散發出活力，並不會讓人聯想到是個有經濟上、家庭上沉重負擔的清寒學生！

　　第三年接受「生命橋樑」獎學金時，她在我的「高效能

簡報技巧」實演課程上，神采奕奕、笑聲連連地分析著：1966 年首映的電影《星際迷航（Star Trek）》中，已有許多劇情極具創意地預測出 21 世紀的科技，哪一段對白就是講 Wifi、哪一個畫面就是觸控螢幕、哪一個道具就是 iPad、哪一個橋段就是藍芽無線等等。

當時侃侃而談的 Ruby，真像她所描述的星空中一顆閃閃發光的星星！但是，幾個月後，當 Ruby 到贊助她的瑞安扶輪社作心得分享時，卻幾度失聲落淚，中斷了簡報，哽咽地說：「對不起、對不起……」瑞安社友們在臺下驚訝地低聲問怎麼了？不知道發生什麼事後，大家漸漸安靜下來，耐心等她停止啜泣、完成簡報。

不需要解釋，我們了解，她是在逆境中力爭上游、拚命翻轉人生的許多清寒學生之一，為了求生存的動力無限，但即將畢業了，面對難以預料的求職困難，卻沒辦法有太多選擇，因為她之前希望念大學已經讓媽媽負擔更重了，現實生活中的窘困總是壓迫著她。

「生命橋樑」自 2014 年起，五年來已幫助了 800 多位

清寒大學生，許多「生命橋樑」受獎學生已順利就業，也有些在國內、甚至到國外升學，對他們而言，品學兼優、拿到免費升學的獎學金並非特別困難，困難的是：他們總要保持笑容，帶給家人希望；而對我們來看，贊助學生並不特別難得，難得的是：他們記得導師、教練，從天涯海角捎來好消息！

即使他們為了追求夢想而離鄉背井，相信「生命橋樑」的善緣種子，將隨著他們邁向未來！想起與他們曾經共處的短暫時光，能夠跟這些有動力與韌性的年輕人們結緣，是何等幸運！

看到他們從缺乏自信到勇敢發揮天賦、追求夢想，真是感恩扶輪給我這樣的機會去幫助他們！如果人必須有一點瘋狂、一點傻氣，我將用這一點瘋狂與傻氣在「生命橋樑」上，讓年輕人有機會獲得一次翻轉人生的機會！

外交官夢碎，轉戰法律界

我一直覺得，自己是個蒙天父眷愛的人，如果不是加入國際扶輪社，看到這麼多需要幫助的孩子，我想我的人生一定會錯失很多。

父親是臺灣第一期的司法官，或許是自小從故鄉安徽離家，跟隨軍隊到台灣後曾經歷顛沛流離，父親從不知如何表達父愛，因此，受父親擔任檢察官、法官的嚴肅形象所影響，從小從未想過將法律系作為我的職涯選項。

準備考大學時，我填了臺大政治系國際關係組、政大外交系作為前兩個志願，自此之後，我最想要達成的目標，一直都是讓臺灣登上國際舞臺。考上臺大政治系國際關係組之後，教授玩笑地說，與其夢想成為臺灣第一位女外交官，不如早點成為外交官夫人，令我好生失望，方決心轉到法律系，但希望將臺灣更多亮點推向國際的念頭，始終沒有消失。

畢業後，我選擇了全球性律師事務所 Baker McKenzie（國際通商法律事務所），由於這是一家在國際上擁有 78

個事務所、13,000 名員工，以全球化運營方式，由來自 60 個國家的律師提供法律服務的公司。雖然是於 1949 年發起於美國芝加哥市，近 70 年來卻成功維持多元化，未有何一種國籍的律師占據主導地位，在美國以外全球其他地區執業的律師超過 80%，並自 2010 年以來連續被評為全球最強律所品牌。

進入 Baker McKenzie 後，從第一年受僱律師的菜鳥起步，作到資深合夥律師，成為經營管理的一員，在 29 年工作期間，卻每天都能學習、成長。期間所協助的客戶廣及各行業，包括製造業、餐飲連鎖業、國際貿易業、金融機構、企管顧問業、化妝品業、消費品零售業、交通運輸業、BOL 等，這份工作不只在於作法律上的諮詢、協助客戶處理和解協商、調解、訴訟、談判等，更讓我學習到各行各業之特性。

其中印象最深刻的，是曾為周人蔘電玩弊案一百多位被告中的一位老先生辯護，而唯一獲判無罪；另外，曾為一公務員平反因千餘元便當費而被控貪瀆、遭判 16 年的案件。這兩件案件的被告皆因長年訟累而身心交瘁，獲判無罪時痛

哭失聲、老淚縱橫，面對遲來的正義，多年下來卻終究是人
事全非了！

在 Baker McKenzie，我始終是非常愉快的，尤其從我
受僱至今一直維持的許多長期客戶，總是以尊重、信賴的態
度待我，其中一位美國公司的法務長，從臺灣擴展至中國大
陸時，總是信任我作他的「御前侍衛」，並在工作之外開導
我怎麼生活，他笑我「You have been to everywhere but been
nowhere.」，因為我雖出差去過許多國家，卻浪費了見識各
國的機會！

此外，還有許多客戶公司的專業經理人，因為工作關係
成為我的好友，而在全球各地的律師夥伴們，更是不斷激勵
我繼續努力、繼續成長！

🔑 「生命橋樑助學計畫」，見識扶輪公益能量

加入國際扶輪社，是我生命中重要的轉折點。

很多朋友對於我前前後後引進 61 位社友加入扶輪社，

覺得很驚訝！怎麼做到的呢？我因扶輪而開展豐富的生活、結交許多好朋友、學習成長、了解人生，也一起作有意義的公益！在扶輪的經驗和在職場、商會等不同之處，在於不是用頭銜、位階、財力、智力，而是用無私也無負擔的付出，獲得一生的友誼！所以我很自然地熱衷於介紹扶輪給好友們，如果好友不理會，就降為「朋友」（開玩笑啦），我的心態是，因為希望幫助朋友也能由扶輪得到許多收穫，有什麼不敢開口呢？被拒絕也沒關係的！

畢竟在工作上，我必須面對許多人的醜 面貌或悲慘遭遇，出了法庭又何必介意太多？何不快樂的心情去面對每一個人呢！

尤其是參與「生命橋樑助學計畫」後，更讓我對扶輪社內的公益能量感到驚訝。

這項計畫是瑞安扶輪社的重點持續服務，自 2014 年起，在國際扶輪 3520 地區林谷同總監的鼓勵與支持下，由我擔任地區服務計畫主委，努力將之推廣到各社。在扶輪社每年的公益服務中，贊助清寒學子占了極大比例。

　　「生命橋樑」只是其中的一個小計畫，但其特色在於「親手服務」，不只頒發清寒獎學金，還委請專業教練為學生上職涯發展課程，包括發現天賦、心智圖法、職涯高飛、七個好習慣、履歷撰寫與面試技巧、一對一教練，以及扶輪社友自行設計的職場達人分享、高效能簡報、創意思考、新鮮人法律、行銷王道……等，希望幫助他們在將來畢業後能夠順利就業。

　　第一年招生時，學校及學生們傳來反應——獎學金計畫就是要幫助清寒學生，為什麼要設下要求學生上課的條件呢？這樣可能乏人問津，很難招得到學生吧？還有人把課程的 30 小時時數以工讀費換算比較一下，是不是值得犧牲打工來上課呢？

　　所幸，瑞安社執行團隊堅持這是「生命橋樑」的特色，不能改變上課的條件，待課程開始後，學生們反應熱烈，有一位學生形容對課程的收穫是超乎想像！第二年起，更有許多學生在面試時即表示，是因為課程的口碑而來！

🔑 導師制度，成為年輕朋友的人生教練

Han 是「生命橋樑」第一年受獎學生，他還參加了我們委請 Toastmasters 安排的英語演講班，在期末並參加英語演講大賽獲獎，他是個很好學的孩子，卻特別喜歡「生命橋樑」的課程，尤其是每年與教練定期檢視行動計畫，反思是否依規畫而執行或有什麼可以再修正之處。

Han 不但對自己的職涯規畫很有紀律地執行，也回來幫忙後期的同學作分享。有一次我在規畫作高效能演講分班實演時，明明記得他有參加，卻怎麼也找不到他的名字，之後發現他是用了「水淼」這個別名，真是很奇怪的名字？是相信卜卦算命，命中欠水嗎？過了一陣子才知道，取這別名是源於他幼時的困苦，從小為母親擔心家中付不了水費，希望永遠不再欠「水」。

艱辛的環境激勵出他奮發向學、矢志脫貧的動力！當他考上微軟公司，並在持續努力後成為正職員工時，「生命橋樑」執行團隊的這些老義工們也獲得極大的鼓勵，奔相走告，

喜不自勝！

　　當然，「生命橋樑」的受獎學生中，也有人覺得自己的方向已定，不需要上「發現天賦」、「心智圖法」課程，尤其醫學系、法律系的學生，大多心志堅定。我們會說明，「生命橋樑」絕非鼓勵學生改變志向，而是希望幫助學生發現自身的天賦、了解理想的職業、訂定行動計畫，腳踏實地、逐步實現短期、中期、長期的目標！

　　其中，Jay 是政大法律系與臺大商研所學生，矢志要成為一位「跨境商務律師」，他在第一次見面時即告訴我，希望直接上第三年的課程，因為他已經非常了解自己的天賦及志向。

　　一年多後，我收到 Jay 的一篇文章，他認可「生命橋樑」與其他獎助學金不同之處是，學生接受的「可以說是權利，也可以說是義務」，即必須參加 30 小時的職涯訓練課程及參與贊助社的例會活動兩、三次，且每位獲獎學生會被分配到一位導師，由扶輪社友親自擔任。

　　Jay 分享：「後來我深深明白，此筆獎學金重點不在於

『獎』，不在於『金』，而在於『學』。透過導師制度的建立，每位獲獎學生都可以跟一名優秀的扶輪先進近距離學習，我很幸運地，導師是 Deloitte 前董事長林谷同先生（Audi），Uncle Audi 謙和的態度令我印象深刻，原來成功的人不一定要侵略性很強或者光芒外露，Uncle 在事業成功之餘決定提早退休，全力投入扶輪公益志業，讓我印象深刻，成為我人生的標竿與榜樣，因為一直以來我也希望自己事業成功之後能成為一名服務社會的慈善家，這是我從小立定的志向。

「除了導師制度外，課程設計更是一大重點，超過 30 小時的課程，再加上課後一對一教練諮詢與訪談以及課後作業，如再加上須參與的母社兩、三次例會，預計總投入時間超過 60 小時。

「這 60 個小時能讓我們這些小朋友更進一步與 Uncle、Auntie 們學習，學習成功者的關鍵思維。課程的設計也能讓懵懂無知的在學學生，更進一步的發現自我，一對一的教練訪談更能夠客製化的幫你規畫人生。

「即使目標明確如我，透過課程仍然能更有計畫的去執

行人生中每樣細節，因為只有先了解自己，才能知道計畫要怎麼達成，這些課程使我了解自己的優勢與劣勢。針對優勢繼續維持，劣勢則須想辦法補足，以便完成我的人生規畫。課程的老師都是一時之選，教練們平常在企業或學校的開價，想當然爾都不是我們這些學生負擔得起的，但透過這樣的平臺，卻讓 Uncle、Auntie 們『付錢』請我們學習（笑），能有這樣好的機會大概也是自己平常積了很多陰德吧！」

如 Jay 所言，「生命橋樑」的另一特色是導師制度，他在「生命橋樑」第二年的導師是南港扶輪社王悅賢社長，他們師生兩人顯然是一對「過動兒」般地相互激勵，Jay 因而帶領南港扶青團重整、重生，成長到 80 位團員！

相對而言，我在「生命橋樑」擔任了 4 年導師，我的導生 Grace、Naomi、Jinny 都很優秀，但是我和她們相處的時間太少，對她們的課後分享，常常只是簡單幾句鼓勵的話，實在慚愧。

🔑 陪伴，有時就是最好的禮物

其中，Grace 是因父親憂鬱症後家中陷入困境，故而申請「生命橋樑」獎學金，第一次約她見面聊起未來夢想，她述說希望考上調查員，獲得一份穩定薪資，直率的我，差點把手中咖啡打翻了，還順勢翻個白眼，以示不滿（因為律師很怕調查員啦）！

第二年申請「生命橋樑」時，Grace 同時獲得國外交換計畫的機會，便依我的建議，每天搜尋並翻譯一則英文名句，以加強英語代替上課的要求，她的名句範圍包含政治家、哲學家、經濟學者、藝術人士、美食達人、時尚大師等，即使回國後仍卻持續幾年從未中斷！

Naomi 本來創業做網路電商賣花束，為了表示一點支持，我問她可不可以包月，即每週一天跑來我家插一瓶新鮮的花束，真是很辛苦！但我有時覺得花太稀落，又去花店買些補充，再照相給她「參考」如何更「茂盛」；或覺得配色不好，又去花店買些替換，再照相給她「了解」我的「偏好」，

就這樣折騰了幾個月，她卻從來不曾抱怨我「吃米不知米價」，或未尊重她的設計。

之後她到中國大陸工作，在一家非常成功的網路電商受到重用，也許是和我的刺激有關吧？「客戶永遠是對的」，對嗎？

Jinny 則是新移民在臺灣的第二代，她的外型亮麗大方，又是排球健將，簡直是我高中、大學時夢寐以求的模樣！但她每次上臺簡報後總說自己表現不好，我怎麼讚美也不見成效！

直到有一次邀她去南園玩時，Jinny 才娓娓道出，或許是因為父親的職業而一直覺得很自卑，覺得自己不夠好。畢業前有一次見面，她忽然抱著我哭，原來是擔心家裡環境，覺得自責、慌張，怕找不到工作，我也不知該如何安慰，帶她去大吃一頓，希望能一「飽」解千愁吧！

畢業後 Jinny 也到中國大陸工作了，也和幾位在大陸的「生命橋樑」學生互相打氣，她們是臺灣的未來，絕不能輸在起跑點呀！

🔑 向外推廣，讓「生命橋樑」嘉惠更多學子

2016 年臺南發生大地震，當時瑞安社一位社友 Helena 因為退休回到臺南，轉至臺南東南扶輪社，我即建議她引進「生命橋樑助學計畫」，希望能幫助臺南地區的大學生。

在數次應邀南下說明時，社友 Clara、Timothy、Tammy 皆全力以赴，但我的心底其實是不抱太高期望的，因為扶輪社友一般雖然樂善好施，卻較少可以持續親手服務的公益計畫。

還記得曾經有位扶輪前輩笑我，是來自臺北的白雪公主，不了解南臺灣！2016 年開始，「生命橋樑」開始贊助 20 位臺南大學生，其中 15 位是由瑞安社向臺北的社友們募得經費所贊助。

2017 年間，雲嘉南地區的扶輪前總監 Archi 邀我再南下向其總監 Former 及地區團隊介紹「生命橋樑助學計畫」，Former 總監嗣後乃將「生命橋樑」作為其地區服務，大力推廣，贊助共 120 位清寒大學生。

　　2018 年間，應臺中地區總監當選人 Paper 之邀請，我及瑞安社友 Jiin、Tammy 至臺中介紹「生命橋樑助學計畫」，Paper 總監的團隊亦決定推廣「生命橋樑」，以幫助中部地區的清寒大學生。

　　至此，「生命橋樑」在臺灣北、中、南部已建立了良好的基礎。在這些推廣的過程中，我和瑞安執行團隊也曾經受挫、喪氣，必須不斷給彼此打氣，才能持續下去！

　　在扶輪地區內，地區總監每年對於參與一個服務或活動的扶輪社是否給予若干「獎勵星星」，攸關該服務、活動的成敗關鍵！

　　就像小朋友期待老師發貼紙以示獎勵，赤子之心的扶輪社友們，則非常重視地區總監對於參加某服務給予幾顆星星、出席某會議給予幾顆星星，是否參加常常是以有無「星星」為重要考量因素之一，而一個年度中獲得最多星星的社長，即可在地區年會受到最高榮譽的表揚！

　　因此，除了第一年（2014 年）是地區總監 Audi 林谷同先生邀我於地區推廣「生命橋樑」，對此計畫大力支持不餘

遺力，其後，每一年度開始之前，我總是要想盡辦法向即將上任的地區總監說明、請示，給予「生命橋樑」幾顆星星，以能持續推動下去。而歷任總監雖然都是熱心行善的典範，畢竟對「生命橋樑」不見得了解，甚至有一些疑問。

例如，因為「生命橋樑」之特點在於幫助學生發展職涯的課程，有些人質疑為什麼不找教補界的扶輪社友擔任教練？不是有一首歌說，扶輪人才那麼多？原來，扶輪界有一首廣受喜愛的臺語歌「這是咱的扶輪社」，曾經因為臺灣出了一位國際扶輪社長黃其光先生，而將此歌曲傳送到全世界 168 個國家！

其中，大家最常引用的一段是「什麼人才攏底家」，也因為這句話，有些批評認為「生命橋樑」捨近求遠！但事實上，我們之能夠將課程作得專業、持續、甚至客製化，實歸功於國際教練協會教練團的專業，而他們也是因為瑞安社友 Tammy 劉素貌女士同是經國際認證的教練，才會相信、了解「生命橋樑」，而願意以公益價為學生上課！每一年 Tammy 和教練們在週六、日為學生們上課約五個月，這樣

的毅力與耐力，值得大家最高的尊敬！

此外，有好幾位贊助人擔心這些學生是不是真的清寒？看到他們用 iPhone 手機、出國作交換學生、穿得也很不錯。「生命橋樑」的錄取條件是限於中低受入戶，並參考有無自有房地產、是否符合教育部無息助學貸款等。

因此，有些學生可能真的有些打工生財之道，回想我當年大學畢業本來想當老師，每個月家教收入比一般上班族還高呢！若不是父親以身為第一期司法官為榮，一再刺激我是「不務正業」，可能我也難以「浪女回頭」走向司法的道路了！

其實，我所接觸的「生命橋樑」學生都有自己不為外人道的辛苦，有位男學生又瘦又小，每次見面時，我總是心直口快地要他多吃點，嗣後，他的教練 Tammy 才私下告訴我，這學生因為希望至德國作交換學生，將所有打工的錢、「生命橋樑」的獎助金全數留給家裡，每天啃一個饅頭分三餐吃。

另外，有位學生因為一再找藉口而未參加贊助社例會，經我詢問，才坦承是自認沒有「像樣」的衣服穿，但他還快

快補充自己很愛乾淨的，總是在最喜歡的一件「潮T」裡穿著內衣，夏天也穿短袖汗衫，他說得臉紅氣喘，我也眼眶泛紅了。

當然，社會上的人形形色色，也難免遇有學生想要欺騙錢財，但在「生命橋樑」甄選過程中，執行團隊除作書面審查外，也邀請贊助社、贊助人親自面試學生，就是為了多作一點確認、多盡一點責任。

遺憾的是，五年來發生過一件企圖欺騙贊助人東誠社前社長 Angus 的案例，所幸經過瑞安社前社長 Timothy 的查證而發現真相，那位學生認錯並退回獎助金後，Angus 前社長則既往不咎，仍是持續幫助他所贊助的其他多名學生。

Angus 對於為什麼持續行善，他說：「我們不是只為了自己而活著吧！」那一份慈悲與無私，始終深深地印在我的心底！相形之下，有多少人的生活是為了求取名利、權力、欲望，卻無法得到內心真正的、永久的快樂呀！為人當豁達，行善為無私！

🔑 持續精進，讓每一分善心不浪費

值得尊敬的導師非常多，但有時候連導師也會遭到批評的打擊。例如，Wendy、Jekyll、Clara 和 Cindy、Jiin 是兩種不同的導師，Wendy、Jekyll、Clara 是慈愛型，無論學生作什麼，他們總是讚美有加；Cindy、Jiin 則是嚴師型，Jiin 還教導兩位受獎學生 Will 及 Bird 學寫電腦程式，開發出「生命橋樑」上課報名、課程心得回報導師等功能。

但嚴師未必出高徒，當學生中途放棄或敷衍應付，導師的失望可想而知，但卻遭到其他人指責為過度要求等等，所幸這些挫折都沒有改變持續「生命橋樑」的心，他們都是持續贊助了 4 年的導師，跟我一樣，把這些學生視為如同自己的孩子，只是更多了一份尊重！說到「孩子」，還有人勸我不要稱呼這些學生為「孩子」，以免別人誤會我是有私心，這我只能含淚苦笑，口拙無語了！

而最嚴厲的批評是，因為「生命橋樑」初期兩年是由贊助社贊助學生獎學金一年度 4 萬 5 千元，及支付每位學生的

教練上課費用一年度 5 千元，有些疑慮就在於這上課費用的財務方面，擔心我們財務是否經過總監同意、是否核實申報、是否透明？有一次的疑問是，為什麼第二年的印刷費比第一年多了十幾塊？唉！每說到這裡，我都忍不住仰天長嘆！

其實在扶輪社作公益時，在金錢運用上一定秉持「錙銖必較」的原則，因為用的是大家的善款、負擔的是大家的信任，「生命橋樑」的預算、財報，每年都由具有上市櫃公司資深財務資歷的社友把關，並寄交地區總監、地區財務長核准，也事先與財務長開會討論執行細節，實在不知道還要怎樣做才更好？

第三年起，因東北社前社長 Falton 趙天星先生的建議，瑞安社友們乃決定就教練課程費用，完全自行負擔，讓每社單純贊助學生的獎學金，希望能讓計畫順利持續下去！這是瑞安社友們最真誠、熱誠的擔當，也以此回報歷屆總監們——林谷同、林華明、郭俊良、許仁華、王光明先生的認可及鼓勵，讓「生命橋樑」成為地區的持續服務！

或許正如趨勢專家詹宏志所說，人生一瞬，人的一生相

對於永恆的時間，如露如電，似泡沫又如幻影。

　　而我有幸，能透過扶輪社這個平臺，得以成為眾多善心的串連者與集結者，將涓涓細流匯聚成更大的力量，盡可能給處在角落被忽略的孩子，一點支持與溫暖，成為他們改變命運的支點。

　　更重要的是，在拉了他們一把的同時，驚訝地發現，其實是這些孩子的勇氣與堅毅，豐富了我的生命，也徹底翻轉了我的生命意義。

One Book, Ten Life 01

翻轉人生的十個態度

編　　　著／卓天仁
作　　　者／陳澔毅、戴昆生、林嘉宏、巴魯‧達禮雅露、吳信昇、
　　　　　　李國豪、蕭大樂、蔡依蓁、李孟宗、馬靜如
出版經紀人／卓天仁
封 面 設 計／許國展
美 術 編 輯／孤獨船長工作室
責 任 編 輯／許典春
企畫選書人／賈俊國

總　編　輯／賈俊國
副 總 編 輯／蘇士尹
編　　　輯／高懿萩
行 銷 企 畫／張莉滎‧廖可筠‧蕭羽猜
發　行　人／何飛鵬
法 律 顧 問／元禾法律事務所王子文律師
出　　　版／布克文化出版事業部
　　　　　　臺北市中山區民生東路二段 141 號 8 樓
　　　　　　電話：(02)2500-7008 傳真：(02)2502-7676
　　　　　　Email：sbooker.service@cite.com.tw
發　　　行／英屬蓋曼群島商家庭傳媒股份有限公司城邦分公司
　　　　　　臺北市中山區民生東路二段 141 號 2 樓
　　　　　　書虫客服服務專線：(02)2500-7718；2500-7719
　　　　　　24 小時傳真專線：(02)2500-1990；2500-1991
　　　　　　劃撥帳號：19863813；戶名：書虫股份有限公司
　　　　　　讀者服務信箱：service@readingclub.com.tw
香港發行所／城邦（香港）出版集團有限公司
　　　　　　香港灣仔駱克道 193 號東超商業中心 1 樓
　　　　　　電話：+852-2508-6231 傳真：+852-2578-9337
　　　　　　Email：hkcite@biznetvigator.com
馬新發行所／城邦（馬新）出版集團 Cité （M） Sdn. Bhd.
　　　　　　41, Jalan Radin Anum, Bandar Baru Sri Petaling,
　　　　　　57000 Kuala Lumpur, Malaysia
　　　　　　電話：+603-9057-8822 傳真：+603-9057-6622
　　　　　　Email：cite@cite.com.my
初　　　版／2019 年 1 月
售　　　價／350 元
Ｉ Ｓ Ｂ Ｎ／978-957-9699-54-9

城邦讀書花園　布克文化
www.cite.com.tw　www.sbooker.com.tw